대한민국 한자 자격 검정시험 대비를 위한

급수한자자격
기출예상문제집

지능·신기교육
borambook.co.kr

漢字

한자를 알면 미래가 보인다.

이 책은 社團法人 韓國民間資格協會
資格管理者인 한국서예한자자격협회 등이
시행하는 대한민국 한자자격검정시험을 위한
문제은행식 예상문제집으로 출간되었다.
이 책에 실린 문제는 실전문제를 수록하였을 뿐만
아니라 문제집 앞부분에 각 급수마다 배정한자의
훈음은 물론 전 단계 급수 배정한자의 훈음도 함께 실어
한자자격검정시험을 준비하는 수험생의
입장에서 편집하였다.
또한 매 급수마다 배정한자를 활용한 단어와 뜻을 국어 사전식으로
배열하여 어휘력 증진은 물론 자습서 역할도 할 수 있도록
세심한 배려를 하였다.
이와 같이 여러 가지 유형을 알고 읽고 쓸 줄 안다면
그야말로 해당 급수에서 진정한 실력으로
급수자격을 획득할 수 있으리라 확신하여
社團法人 韓國書藝漢字敎育開發院과 한국서예한자자격
협회에서는 1년여의 출제기간을 거쳐
이 문제집을 藝文觀을 통하여
출간하게 되었다.

이 책의 특징

1. 앞 단계 배정한자를 포함한 급수별 배정한자의 훈음을 실었다.

2. 앞 단계 배정한자를 포함하여 문제를 출제하였다.

3. 배정한자의 쓰기본을 실어 누구나 쉽게 익힐 수 있도록 하였다.

4. 각 급수별 선정된 한자의 대표적 훈음을 동아 신활용옥편 (동아출판사1995)을 참고하여 실어 수험생의 자습서 역할도 할 수 있도록 하였다.

5. 각 급수별로 배정된 한자를 훈음 써보기 난과 훈음을 한자로 바꿔 써보기 난을 두어 문제를 풀어보기 전에 배정한자의 훈음을 익힐 수 있도록 하였다.

6. 급수별 배정한자를 활용한 단어와 뜻을 실어 어휘력 향상에도 도움이 될 수 있도록 하였다.

7. 문제의 모범답안을 실어 스스로 실력을 점검해 볼 수 있도록 하였다.

8. 단어를 펜글씨로 써보기 란을 두어 예쁜 글씨를 쓰면서 단어를 익힐 수 있도록 하였다.

■ 출제기준표

문제 유형		급수별 분항 비율(%)							예제
		7급	준6급	6급	준5급 5급	준4급 4급	준3급 3급	2급 1급	
읽기	한자어 독음 쓰기	25	10	20	20	20	20	10	孝道(효도)
	문장속 한자어 독음쓰기	*	5	10	10	10	10	10	孝道(효도)는 모든 행실의 근본이다.
	한자훈음쓰기	15	14	20	20	20	20	20	孝(효도효)
쓰기	낱말풀이보고 바꿔쓰기	*	2	5	5	5	5	5	효도:부모를 잘 섬기는 도리=(孝道)
	문장속 낱말 바꿔쓰기	*	5	10	10	10	10	20	효도(孝道)는 모든 행실의 근본이다.
	훈음에 맞는 한자쓰기	*	8	20	20	20	20	25	효도 효(孝)
기타	고사성어 및 사자성어	*	2	2	2	2	2	2	죽어서도 은혜를 갚는다는 뜻을 가진 고사성어는? (結草報恩) 혹은 뜻을 쓰기
	맞는 것 끼리 연결하기	10	*	*	*	*	*	*	서로 맞는 것 끼리 연결하시오.
	반의자 및 동의자	*	2	4	4	4	4	4	다음 한자의 반의자(동의자)를 쓰시오.
	한자어 뜻쓰기	*	1	4	4	4	4	4	孝道:(부모를 잘 섬기는 도리)
	사지선답형	*	*	3	3	3	3	*	다음 뜻이 다르게 쓰인 것은? ①音樂 ②樂器 ③農樂 ④娛樂
	부수 및 획수	*	1	2	2	2	2	2	다음 한자의 부수 및 총획수를 쓰시오.

※ 1. 7급. 준6급(50문항)을 제외한 각 급수별 공히 출제 문항수는 100문항
 2. 한자어 독음쓰기, 한자 훈음 쓰기, 훈음에 맞는 한자쓰기는 2급부터 1급은 1문제당 두 개씩 출제하며 하나만 맞을 경우 0.5점 처리
 3. 각 급수 공히 전단계 해당한자에서 40%, 현단계 해당한자에서 60% 출제함.

■ 각급수별 배정한자

급 수	급수별 배정한자수	비 고	급 수	급수별 배정한자수	비 고
8급	50	교육부 선정 상용한자	준3급	1,400	교육부 선정 상용한자
7급	100		3급	1,800	
6급	250		2급	2,400	학술연구 전문한자
준5급	400		1급	3,500	
5급	600		사범2급	4,000	
준4급	800		사범1급	5,000	
4급	1,000		▷사범 논술시험 100점 추가		

차 례

머리말 ·· 2

이 책의 특징 ·· 3

출제 기준표 ·· 4

차례 ·· 5

한자의 원리 ·· 6

필순과 부수 명칭 ·· 7

배정한자 훈음 ·· 8

습자본 ·· 10

한자와 훈음 쓰기 ·· 60

기출문제(5회) ··· 73

예상문제(5회) ··· 83

모범답안 ·· 93

한자의 원리

(1) 한자의 원리

漢字는 모양(形, 형), 소리(音, 음), 뜻(義, 의)의 3요소로 이루어진 글자로서, 이들 3요소를 결합 원리로 삼고 있다. 이 원리를 육서(六書)라고 하며, 다음과 같이 분류한다.

1 사물의 모양을 본뜬 글자-상형자 (象形字)

처음 한자를 만들 때에는 사물의 모양을 그대로 본떠 글자를 만들었으나 차츰 간단하게 정리되었다. 대개 자연 현상, 인체, 동물과 식물 등을 뜻하는 한자들이 여기에 속한다.

예) ☼ → 日, ☽ → 月, ☂ → 雨

2 생각이나 뜻을 부호로 나타낸 글자-지사자 (指事字)

눈에 보이지 않는 사물의 수나 양, 위치 등을 추상적이고 상징적으로 나타낸 글자다. 물체의 모양으로는 구체적으로 나타낼 수 없는 대상을, 일정한 기준에 따라 선이나 점으로 나타낸다.

예) 上, 下, 中

3 뜻과 뜻을 합한 글자-회의자 (會意字)

이미 만들어진 둘 이상의 글자를 결합하는 방법으로, 그 글자들의 본래 뜻을 살려 새 뜻을 나타내고, 음은 그 글자들과 다른 새로운 음을 취한다.

예) 日 + 月 = 明, 亻 + 木 = 休, 木 + 木 = 林

4 뜻과 음을 합한 글자-형성자 (形聲字)

두 글자 이상이 결합하는 것은 회의와 같으나, 한 글자에서는 뜻을, 다른 글자에서는 음을 따 하나의 한자를 만든다는 점에서 회의와 차이가 있다. 이 형성자는 그 수가 매우 많다.

예) 頭 = 豆(두) + 頁(머리), 校 = 木(목) + 交(사귀다)

5 다른 뜻으로 활용되는 글자-전주자 (轉注字)

한 글자의 뜻이 그 비슷한 뜻 안에서 바뀌어 사용되는 경우를 말한다. '樂'은 '음악'이란 뜻인데, 음악을 하면 즐겁고 좋으므로 '즐겁다, 좋다' 라는 뜻으로도 쓰이는 것이 그 예이다.

예) 樂 (풍류악 → 즐거울락 → 좋아할요)

6 음이나 모양을 빌려쓰는 글자-가차자 (假借字)

이미 지니고 있는 의미와는 상관없이 그 글자의 음이나 모양을 빌려서 다른 사물을 나타내는 방법이다. 동물의 울음소리, 한자의 조사, 외래어 등을 표기할 때 쓰인다.

예) France(프랑스) → 佛蘭西, Asia(아시아) → 亞細亞

한자의 필순
(漢字를 써 가는 순서)

'필순(筆順)'이란 漢字를 쓸 때 글자가 형성되어 가는 순서를 말한다. 다시 말해 漢字를 써 가는 일정한 순서인데 이를 「획순」이라고도 한다.

정확한 필순에 의해 써 가면 漢字 쓰기가 쉽고, 글자의 모양이 갖추어지며, 비교적 빨리 쓰는데 필요하다. 필순에는 글자의 모양에 따라서 다소 차이가 있지만 대체적으로 다음과 같은 원칙들이 있다.

필순의 2대원칙(二大原則)

(1) 위에서 아래로   (2) 왼쪽에서 오른쪽으로

다음 9가지의 필순의 내용을 살펴보고 바르게 익혀 써보도록 하자.

(1) 위에서 아래로 쓴다.	⇨ 三
(2) 왼쪽에서 오른쪽으로 쓴다.	⇨ 川
(3) 가로 획을 먼저 쓴다.	⇨ 十
(4) 가운데를 먼저 쓴다.	⇨ 小
(5) 바깥을 먼저 쓴다.	⇨ 火
(6) 꿰뚫은 획은 나중에 쓴다.	⇨ 中
(7) 삐침을 먼저 쓴다.	⇨ 九
(8) 오른쪽 위에 있는 점은 나중에 쓴다.	⇨ 犬
(9) 받침이 ㉠ 독립자일 때는 먼저	⇨ 起
㉡ 독립자가 아닐때는 맨 나중에 쓴다.	⇨ 近

8급 배정한자(50자)

숫자 · 대소	요일 · 자연	인체 · 부모	어류 · 동식물	기타
1 一 한 일	13 日 날 일	25 人 사람 인	37 魚 고기 어	49 立 설 립
2 二 두 이	14 月 달 월	26 口 입 구	38 貝 조개 패	50 行 다닐 행
3 三 석 삼	15 火 불 화	27 耳 귀 이	39 犬 개 견	
4 四 넉 사	16 水 물 수	28 目 눈 목	40 馬 말 마	
5 五 다섯 오	17 木 나무 목	29 舌 혀 설	41 牛 소 우	
6 六 여섯 륙	18 金 쇠 금	30 心 마음 심	42 羊 양 양	
7 七 일곱 칠	19 土 흙 토	31 手 손 수	43 乙 새 을	
8 八 여덟 팔	20 田 밭 전	32 足 발 족	44 毛 털 모	
9 九 아홉 구	21 山 뫼 산	33 子 아들 자	45 白 흰 백	
10 十 열 십	22 谷 골 곡	34 女 계집 녀	46 米 쌀 미	
11 大 큰 대	23 江 강 강	35 父 아버지 부	47 竹 대 죽	
12 小 작을 소	24 川 내 천	36 母 어머니 모	48 禾 벼 화	

■ 8급 한자훈음(50자)

ㄱ
江 강 강
犬 개 견
高 높을 고
谷 골 곡
口 입 구
九 아홉 구
金 쇠 금
己 몸 기

ㄴ
女 계집 녀

ㄷ
大 큰 대

ㄹ
力 힘 력

六 여섯 륙(육)

ㅁ
馬 말 마
毛 털 모
目 눈 목
木 나무 목
門 문 문

ㅂ
父 아버지 부

ㅅ
四 넉 사
山 뫼(메) 산
三 석 삼
石 돌 석
舌 혀 설
小 작을 소

手 손 수
水 물 수
心 마음 심
十 열 십

ㅇ
羊 양 양
魚 물고기 어
五 다섯 오
雨 비 우
月 달 월
衣 옷 의
耳 귀 이
二 두 이
人 사람 인
日 날 일
一 하나 일
入 들 입

ㅈ
子 아들 자
田 밭 전
鳥 새 조
足 발 족

ㅊ
川 내 천
七 일곱 칠

ㅌ
土 흙 토

ㅍ
八 여덟 팔
貝 조개 패

ㅎ
火 불 화

한 일

8급 급수한자

	선생님 검인
	학부모 검인
	년 월 일

색연필로예쁘게칠하기/색연필로예쁘게칠하기/색연필로예쁘게칠하기/색연필

숫자 하나를 나타냄 (1)

⇒ ━ ⇒ ━

필순 一

一				
한 일				

인사는 정중하게 ▶ 글씨는 정자로 바르게 씁시다

두 이 — 8급 급수한자

선생님 검인	
학부모 검인	
년 월 일	

숫자 둘을 나타냄 (2)

필순 一 二

二
두 이

인사는 정중하게 ▶ 글씨는 정자로 바르게 씁시다

석 삼　　　8급 급수한자

선생님 검인	
학부모 검인	
년　월　일	

색연필로예쁘게칠하기/색연필로예쁘게칠하기/색연필로예쁘게칠하기/색연필로예쁘게칠하기/

숫자 셋을 나타냄 (3)　　⇨　三　⇨　三

필순	一	二	三
三 석 삼				

인사는 정중하게　▶　글씨는 정자로 바르게 씁시다

넉 사

숫자 넷을 나타냄 (4)

선생님 검인	
학부모 검인	
년 월 일	

필순	丨	冂	冂	四	四
四 넉 사					

인사는 정중하게 ▶ 글씨는 정자로 바르게 씁시다

다 섯 오   8급 급수한자

선생님 검인	
학부모 검인	
년 월 일	

색연필로예쁘게칠하기/색연필로예쁘게칠하기/색연필로예쁘게칠하기/색연필로예쁘게칠하기/

숫자 다섯을 나타냄 (5)   ⇨ X ⇨ 五

필순	一	丅	五	五
五 다섯 오				

인사는 정중하게 ▶ 글씨는 정자로 바르게 씁시다

| 여 섯 륙 | 8급 급수한자 |

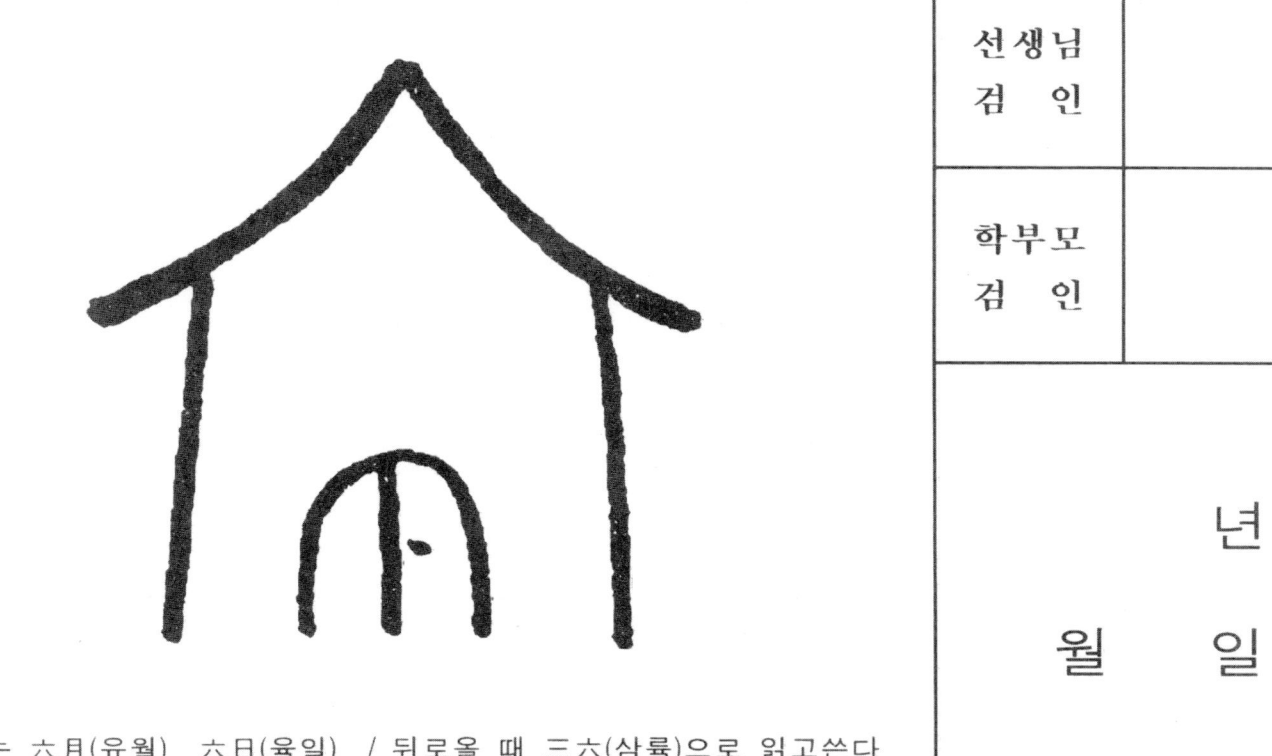

앞에올때는 六月(유월) 六日(육일) / 뒤로올 때 三六(삼륙)으로 읽고쓴다

선생님 검인	
학부모 검인	
년 월 일	

숫자 여섯을 나타냄 (6)

필순	` 亠 𠫓 六
六	
여섯 륙	

인사는 정중하게 ▶ 글씨는 정자로 바르게 씁시다

일곱 칠

8급 급수한자

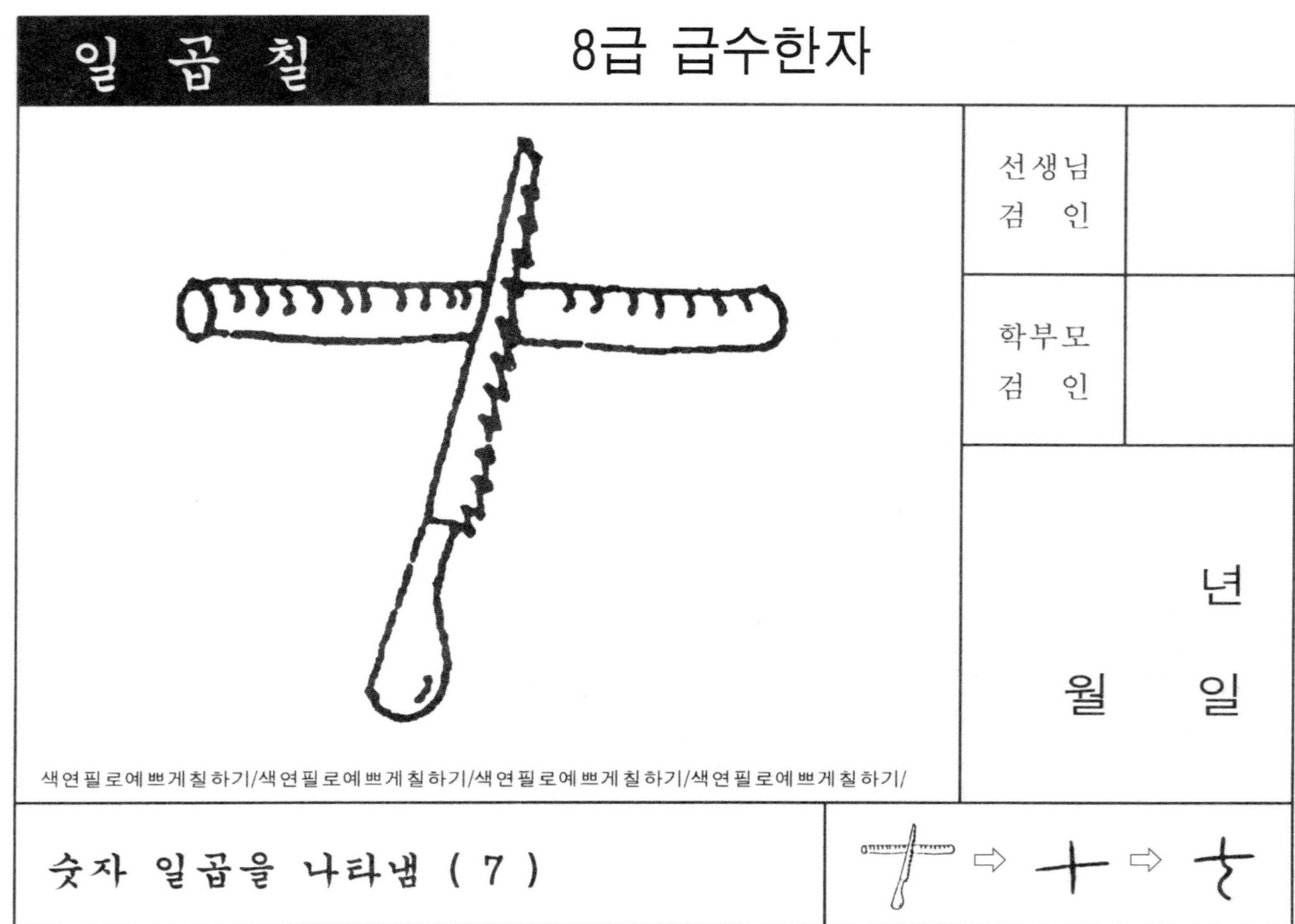

숫자 일곱을 나타냄 (7)

| 필순 | 一 七 |

七 일곱 칠

인사는 정중하게 ▶ 글씨는 정자로 바르게 씁시다

여덟 팔 — 8급 급수한자

선생님 검인	
학부모 검인	

년 월 일

숫자 여덟을 나타냄 (8)

필순 ノ 八				
八				
여덟 팔				

인사는 정중하게 ▶ 글씨는 정자로 바르게 씁시다

아홉 구 | 8급 급수한자

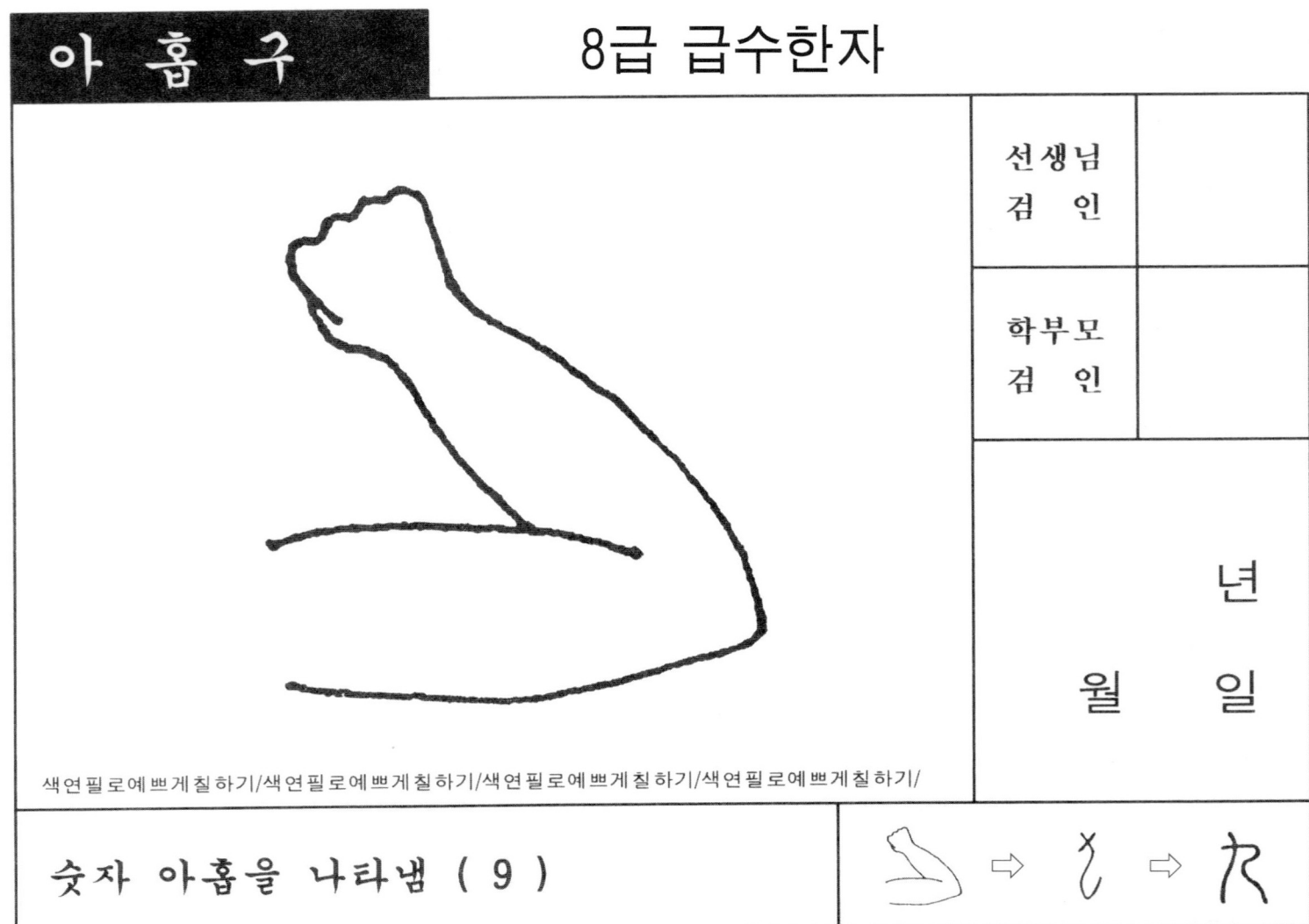

선생님 검인	
학부모 검인	
년 월 일	

색연필로예쁘게칠하기/색연필로예쁘게칠하기/색연필로예쁘게칠하기/색연필로예쁘게칠하기/

숫자 아홉을 나타냄 (9)

필순 ノ 九

九 아홉 구

인사는 정중하게 ▶ 글씨는 정자로 바르게 씁시다

열 십

8급 급수한자

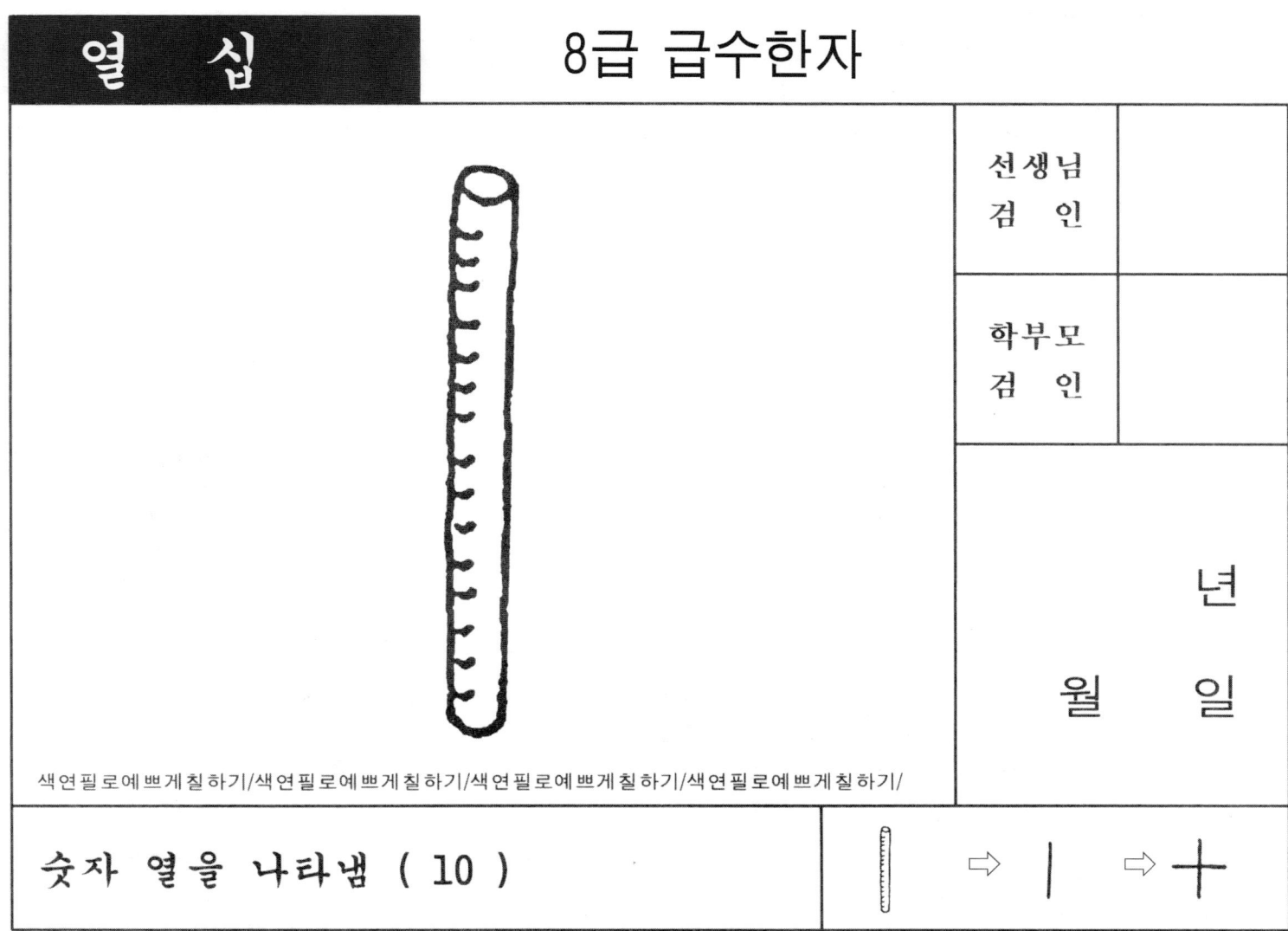

색연필로예쁘게칠하기/색연필로예쁘게칠하기/색연필로예쁘게칠하기/색연필로예쁘게칠하기/

선생님 검 인	
학부모 검 인	

　년　월　일

숫자 열을 나타냄 (10)　　▯ ⇨ ｜ ⇨ 十

필순	一 十			
十				
열 십				

인사는 정중하게　▶　글씨는 정자로 바르게 씁시다

8급 급수한자

큰 대

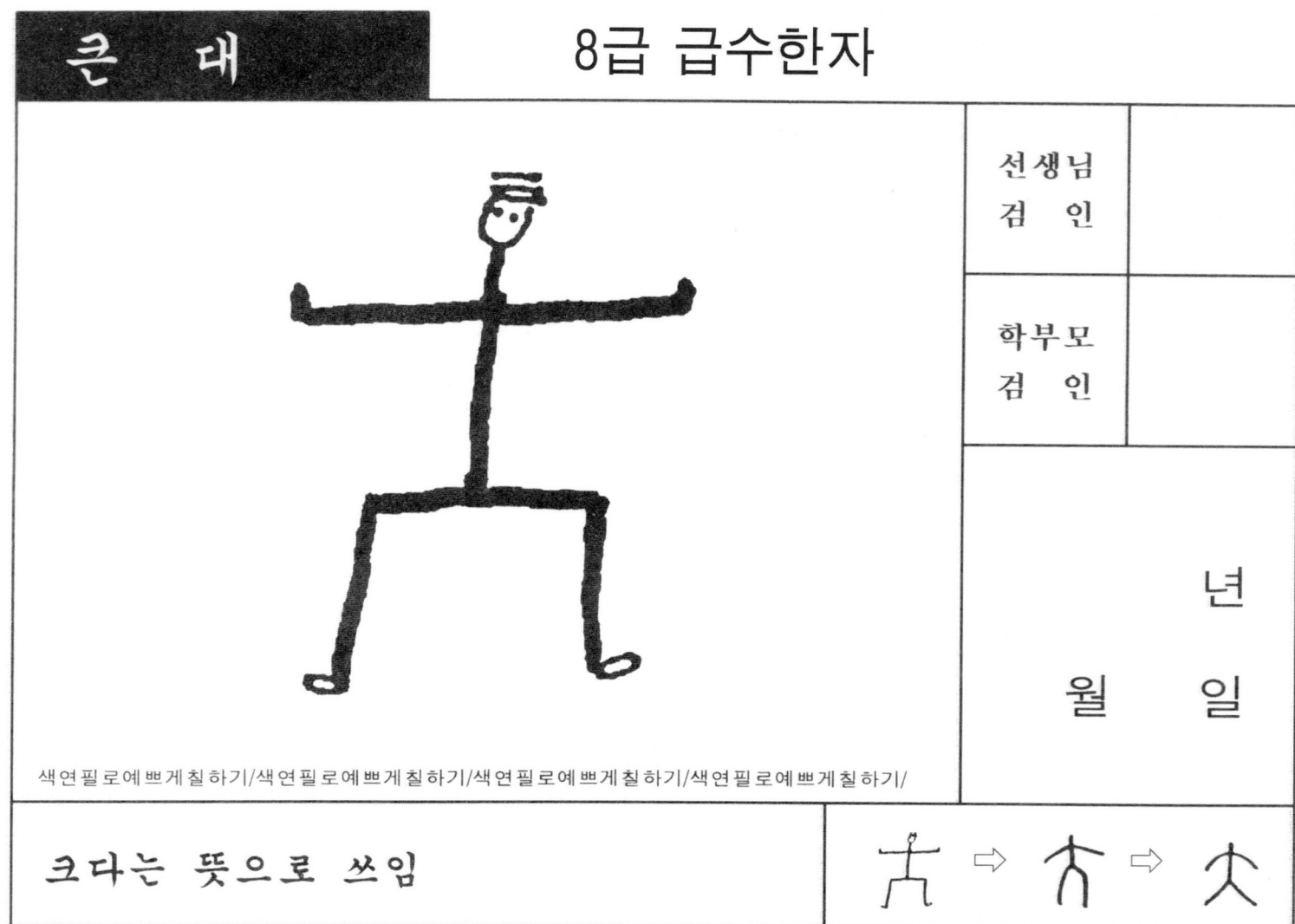

크다는 뜻으로 쓰임

선생님 검인	
학부모 검인	
년 월 일	

필순 一 ナ 大

大
큰 대

인사는 정중하게 ▶ 글씨는 정자로 바르게 씁시다

작을 소

8급 급수한자

| 선생님 검인 | |
| 학부모 검인 | |

년 월 일

작다는 뜻으로 쓰임

⋮ ⇨ 小 ⇨ 小

필순 亅 小 小

小
작을 소

인사는 정중하게 ▶ 글씨는 정자로 바르게 씁시다

날 일

8급 급수한자

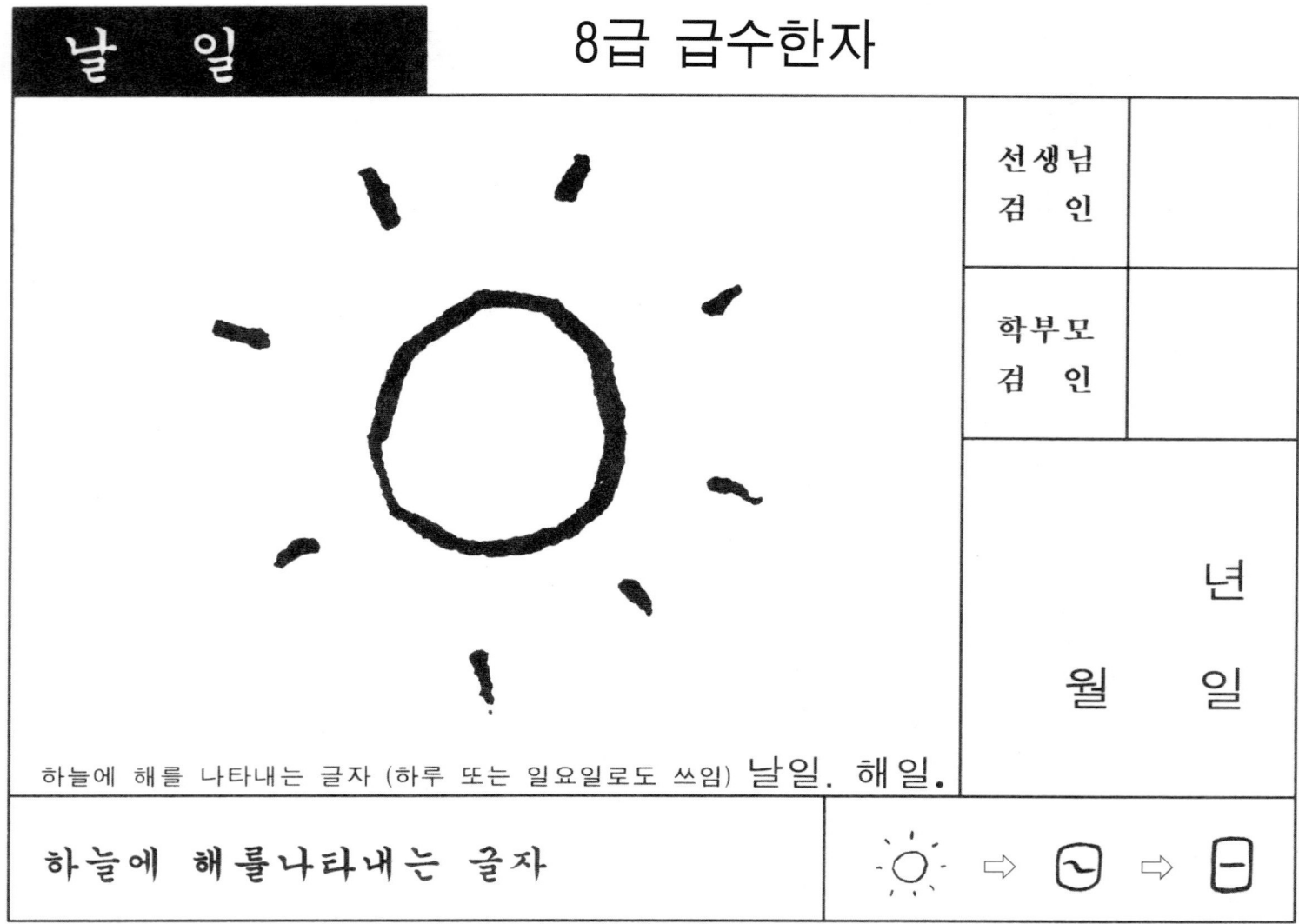

하늘에 해를 나타내는 글자 (하루 또는 일요일로도 쓰임) 날일. 해일.

하늘에 해를나타내는 글자

선생님 검인	
학부모 검인	
년 월 일	

필순 丨 冂 日 日

日
날 일

달 월

8급 급수한자

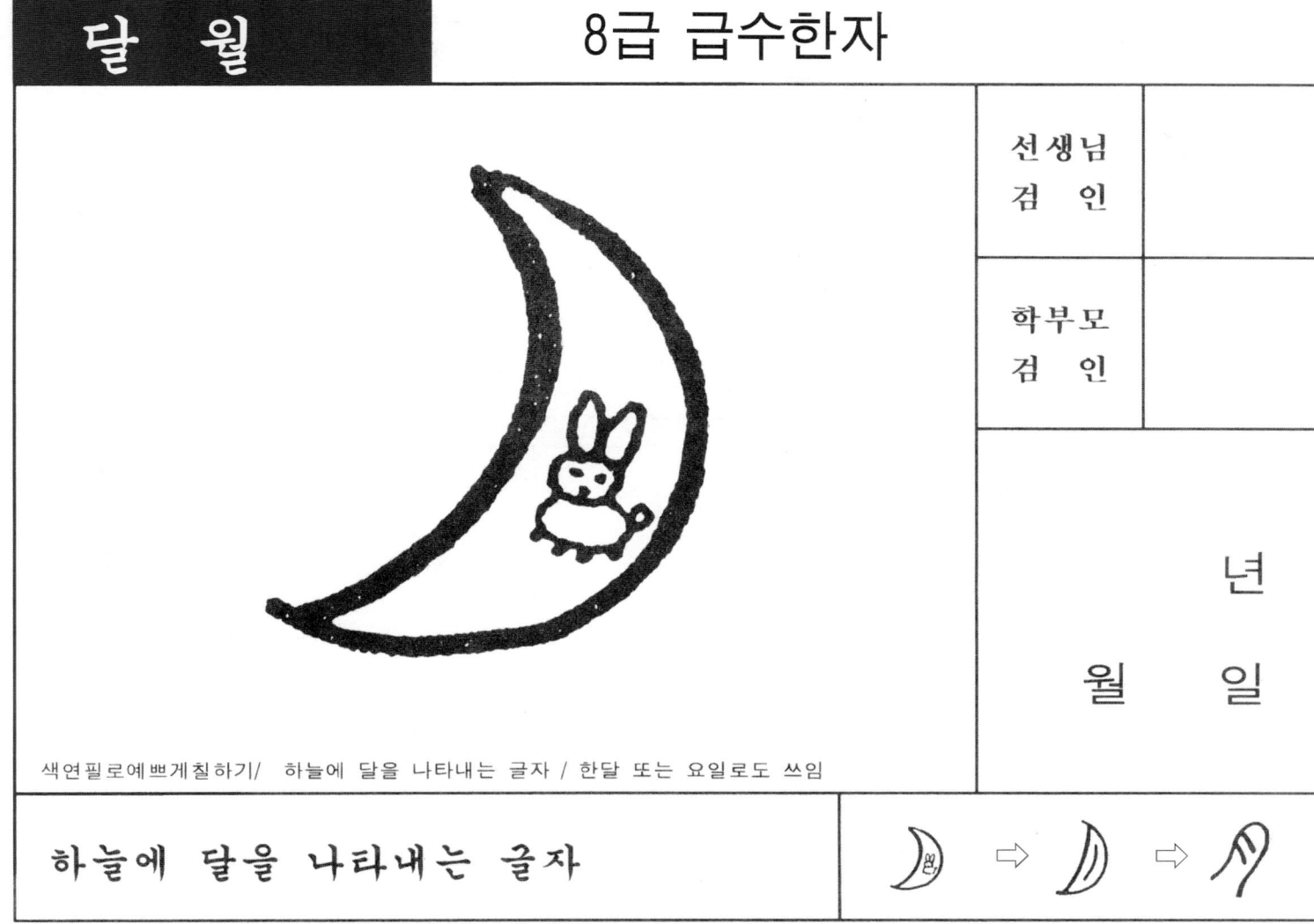

하늘에 달을 나타내는 글자

| 필순 | ノ 刀 月 月 |

月
달 월

인사는 정중하게 ▶ 글씨는 정자로 바르게 씁시다

| 불 화 | 8급 급수한자 |

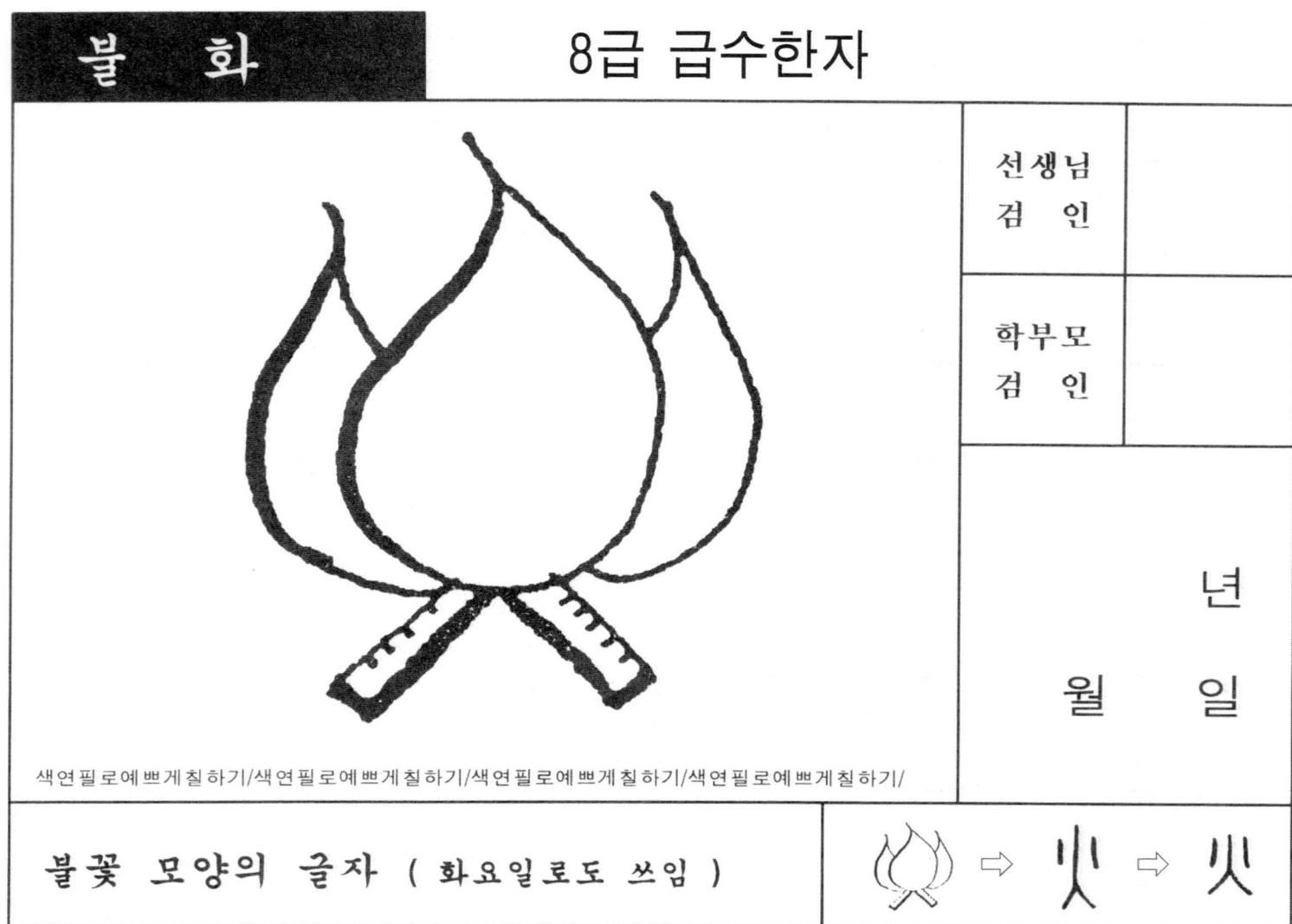

불꽃 모양의 글자 (화요일로도 쓰임)

필순 ` ` ` 火 火

火
불 화

인사는 정중하게 ▶ 글씨는 정자로 바르게 씁시다

물 수

8급 급수한자

선생님 검인	
학부모 검인	
년 월 일	

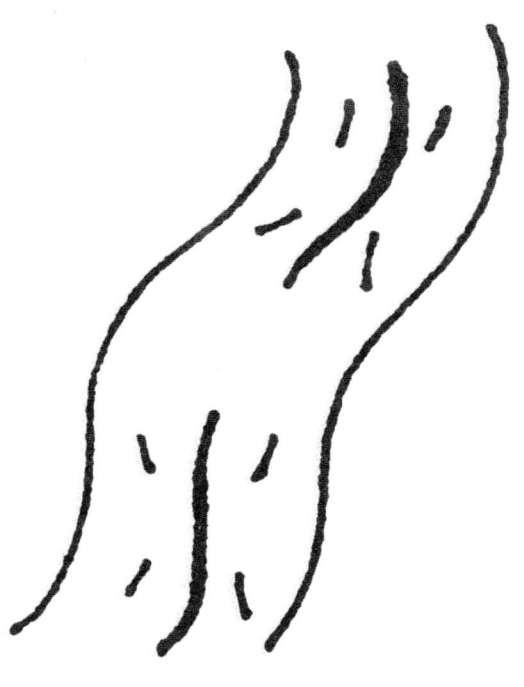

색연필로예쁘게칠하기/색연필로예쁘게칠하기/색연필로예쁘게칠하기/색연필로예쁘게칠하기/

물을 나타내는 글자 (수요일로도 쓰임)

필순	亅	刂	氺	水
水 물 수				

인사는 정중하게 ▶ 글씨는 정자로 바르게 씁시다

나무목

8급 급수한자

선생님 검인	
학부모 검인	

년 월 일

색연필로예쁘게칠하기/색연필로예쁘게칠하기/색연필로예쁘게칠하기/색연필로예쁘게칠하기/

나무를 나타내는 글자 (목요일로도 쓰임)

필순 十 才 木

木
나무 목

인사는 정중하게 ▶ 글씨는 정자로 바르게 씁시다

쇠 금 (성김)

8급 급수한자

선생님 검인	
학부모 검인	
년 월 일	

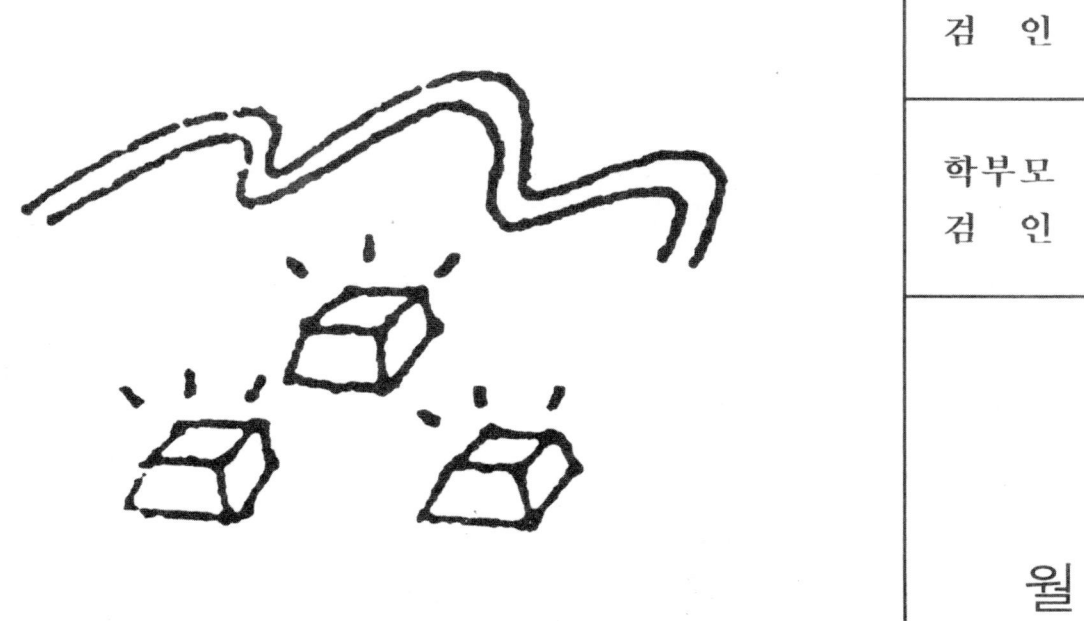

색연필로예쁘게칠하기/색연필로예쁘게칠하기/색연필로예쁘게칠하기/색연필로예쁘게칠하기/

단단한 쇠를 나타냄 (성김 또는 금요일로도 쓰임)

⇒ 金 ⇒ 金

필순 ノ 人 스 스 수 슌 金 金			
金 쇠 금			

인사는 정중하게 ▶ 글씨는 정자로 바르게 씁시다

흙 토 | 8급 급수한자

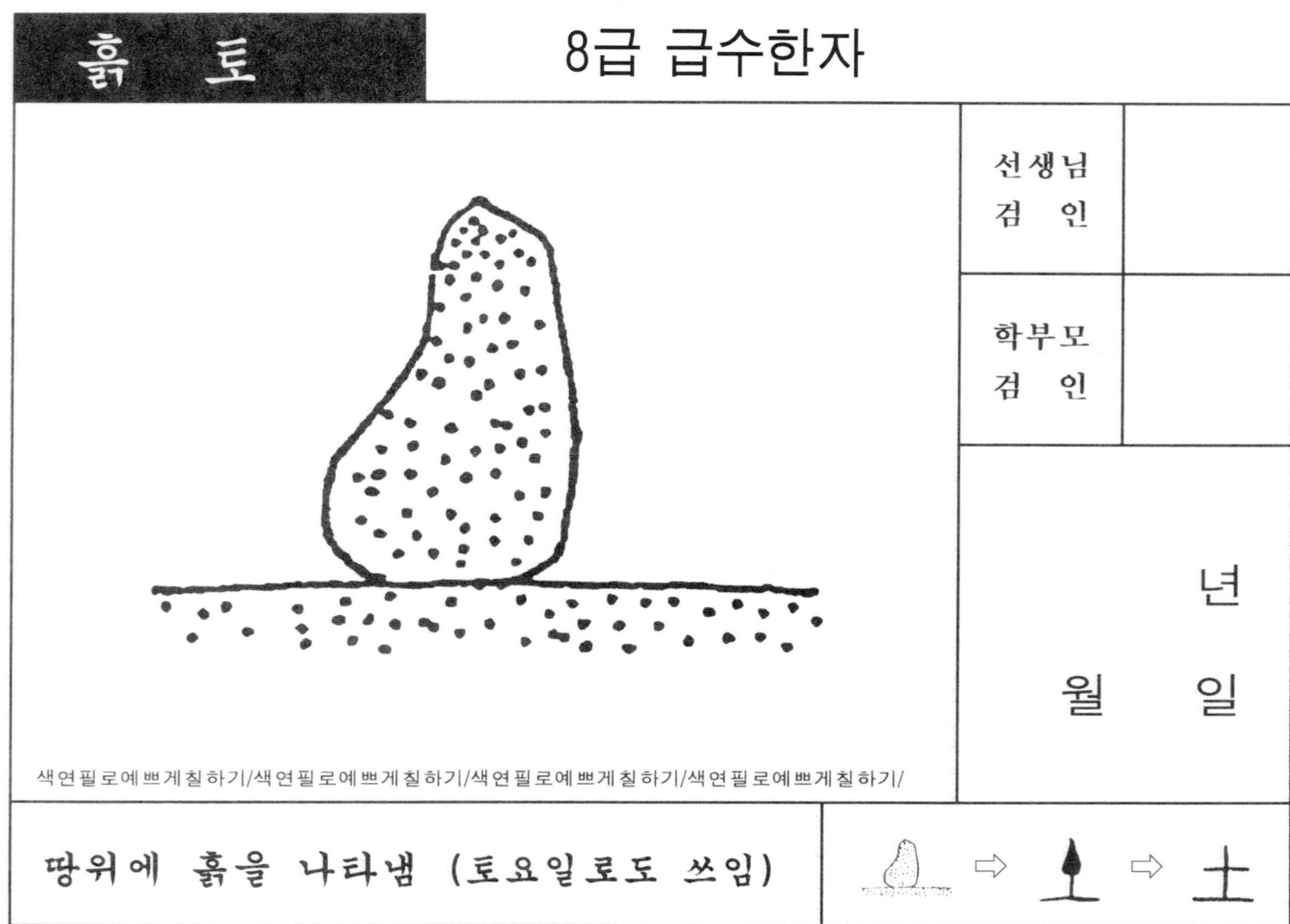

땅위에 흙을 나타냄 (토요일로도 쓰임)

선생님 검인	
학부모 검인	
년 월 일	

필순 一 十 土

土
흙 토

인사는 정중하게 ▶ 글씨는 정자로 바르게 씁시다

발 전

8급 급수한자

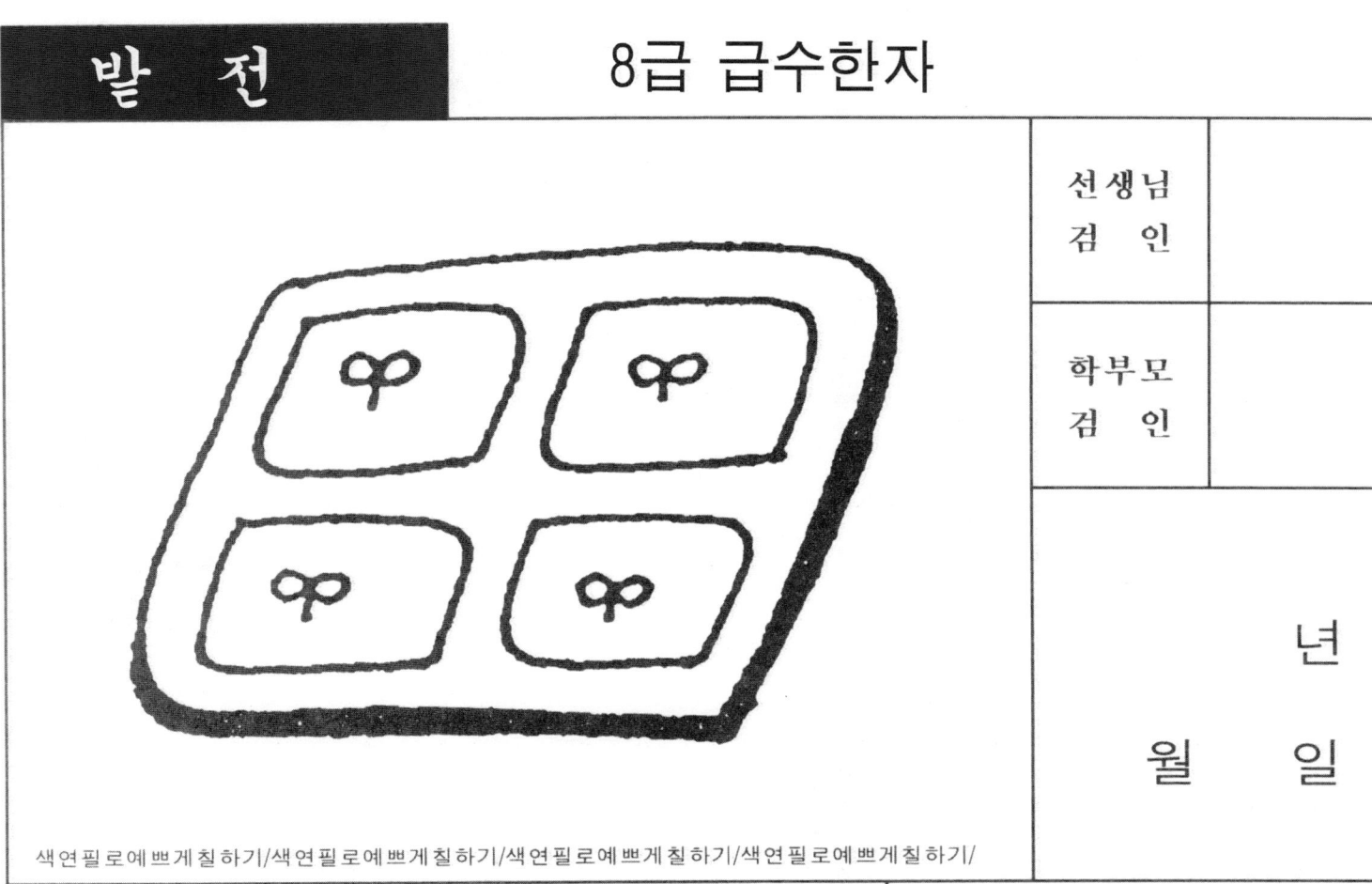

색연필로예쁘게칠하기/색연필로예쁘게칠하기/색연필로예쁘게칠하기/색연필로예쁘게칠하기/

농사짓는 밭의 모양으로 만든 글자

선생님 검인	
학부모 검인	

년   월   일

필순	丨	冂	田	田	田
田					
밭 전					

인사는 정중하게 ▶ 글씨는 정자로 바르게 씁시다

뫼 산

8급 급수한자

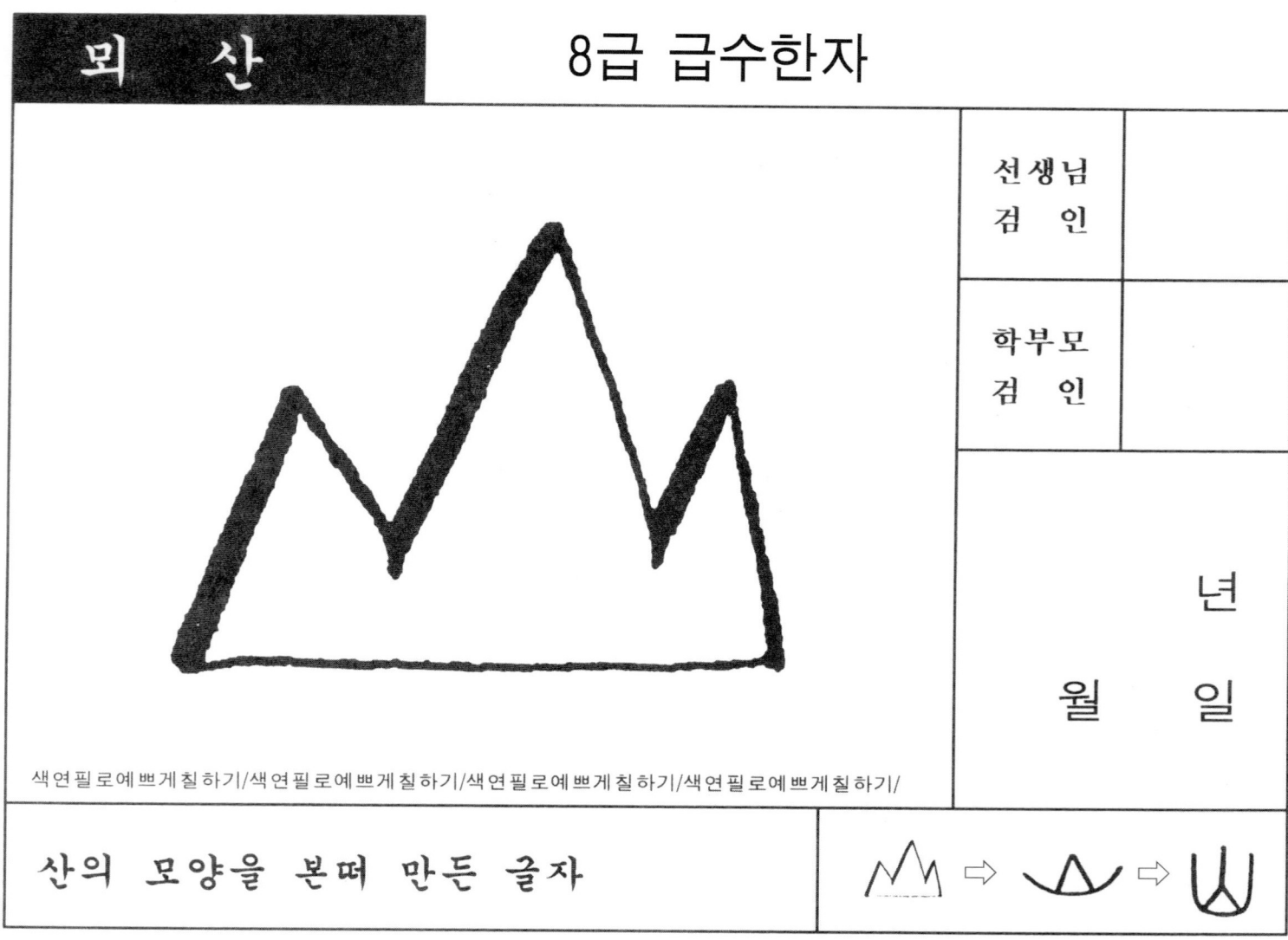

산의 모양을 본떠 만든 글자

	필순 丨 山 山			
山 뫼 산				

인사는 정중하게 ▶ 글씨는 정자로 바르게 씁시다

골 곡

8급 급수한자

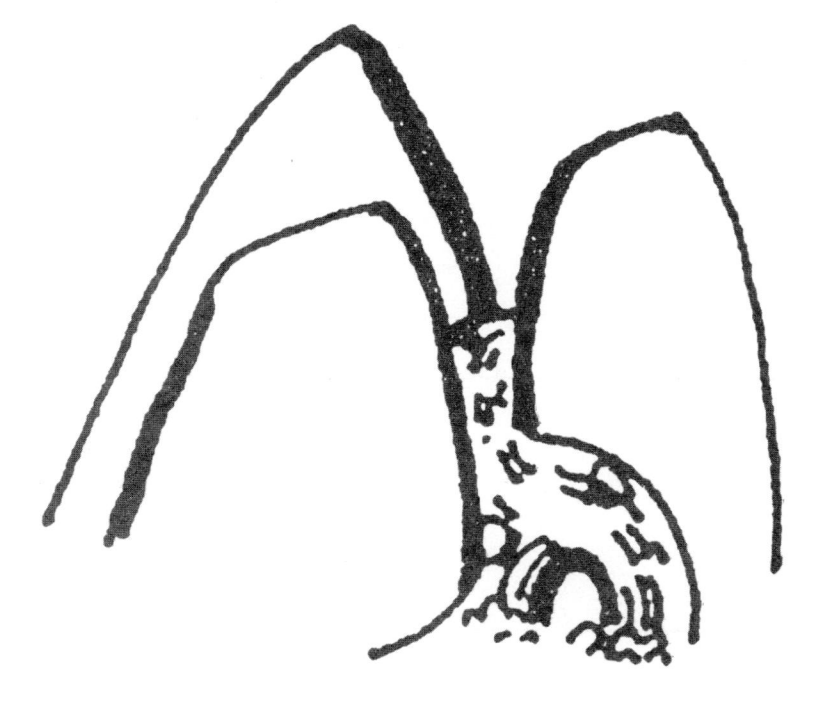

선생님 검인	
학부모 검인	
년 월 일	

색연필로예쁘게칠하기/색연필로예쁘게칠하기/색연필로예쁘게칠하기/색연필로예쁘게칠하기/

산에 골짜기를 나타내는 글자

필순 ノ 八 八 八 グ 谷 谷

谷
골 곡

인사는 정중하게 ▶ 글씨는 정자로 바르게 씁시다

강 강

8급 급수한자

선생님 검인	
학부모 검인	
년 월 일	

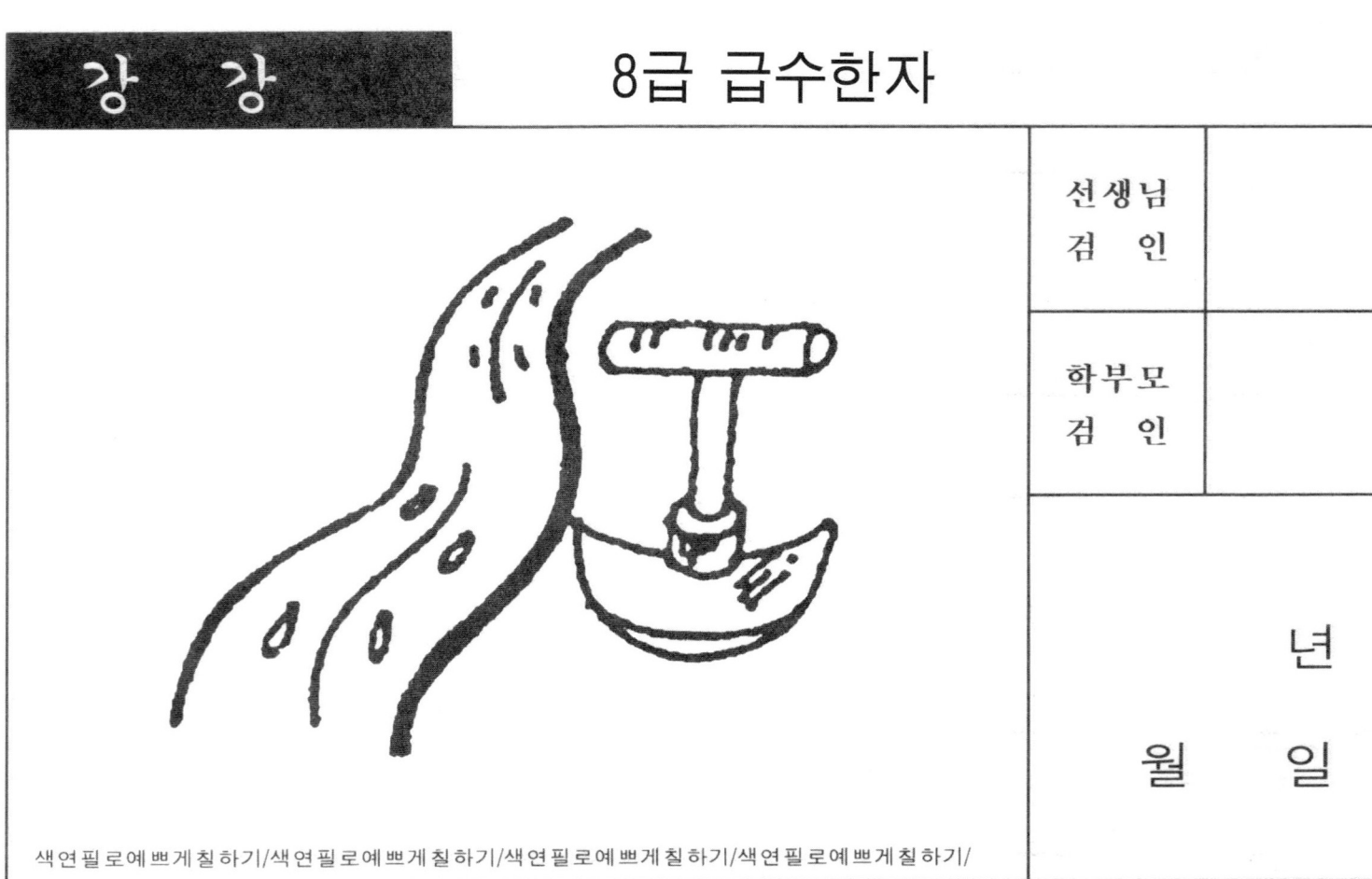

색연필로예쁘게칠하기/색연필로예쁘게칠하기/색연필로예쁘게칠하기/색연필로예쁘게칠하기/

큰 강을 의미하여 만든글자 (강 강/물 강)

필순	` ` ` 氵 氵 江 江
江 강 강	

인사는 정중하게 ▶ 글씨는 정자로 바르게 씁시다

내 천

8급 급수한자

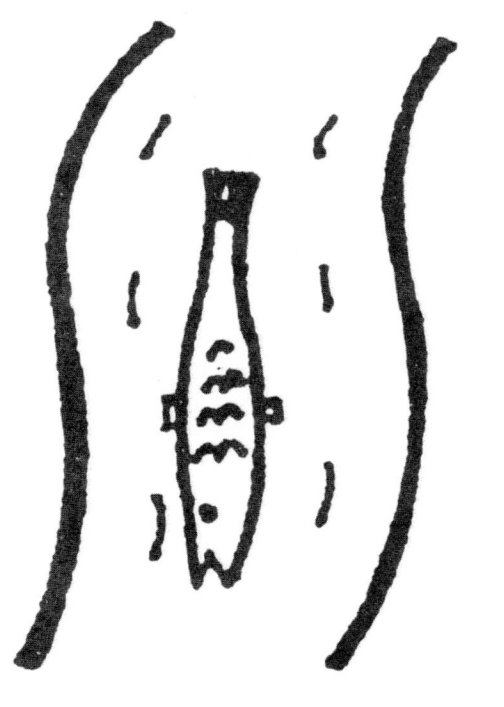

시냇물이 흘러가는 모양을 본뜬 글자

| 선생님 검인 | |
| 학부모 검인 | |

년 월 일

필순	ノ	丿	川
川 내 천				

인사는 정중하게 ▶ 글씨는 정자로 바르게 씁시다

사 람 인　　　8급 급수한자

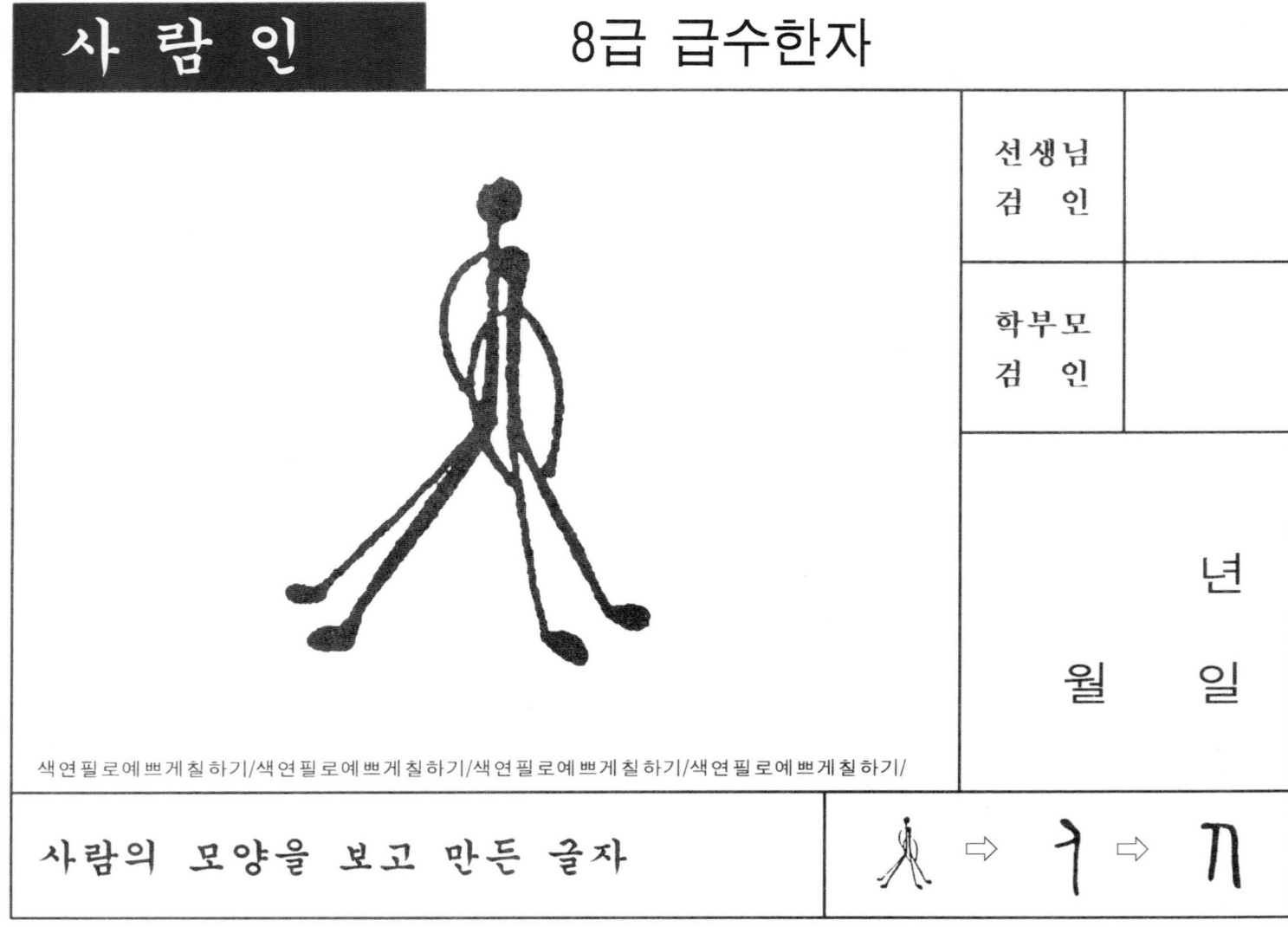

사람의 모양을 보고 만든 글자

| 선생님 검인 | |
| 학부모 검인 | |

년　월　일

필순 ノ 人

人				
사람 인				

인사는 정중하게 ▶ 글씨는 정자로 바르게 씁시다

입 구

8급 급수한자

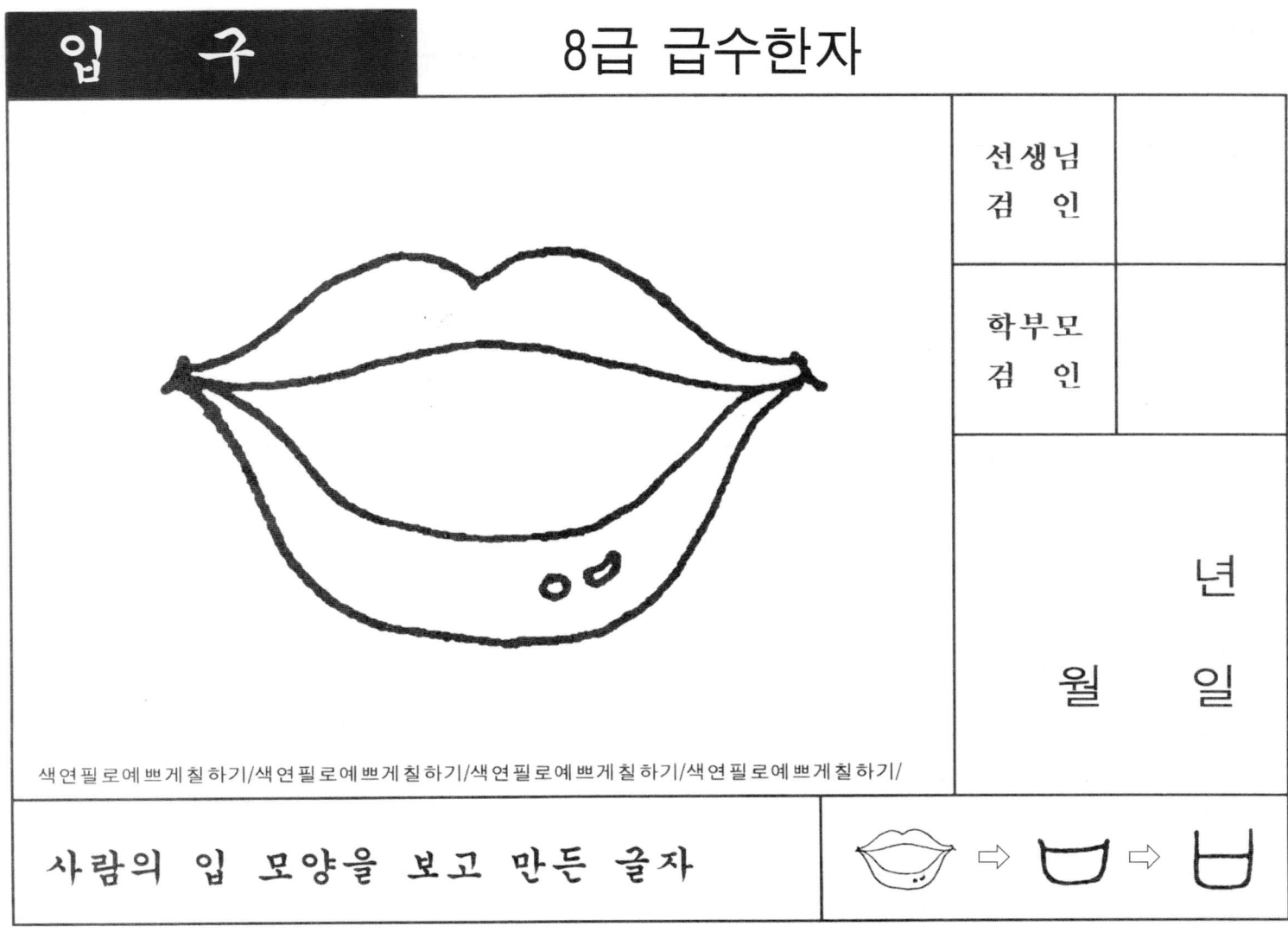

사람의 입 모양을 보고 만든 글자

필순	ㅣ	ㄇ	口
口 입 구			

인사는 정중하게 ▶ 글씨는 정자로 바르게 씁시다

귀 이

8급 급수한자

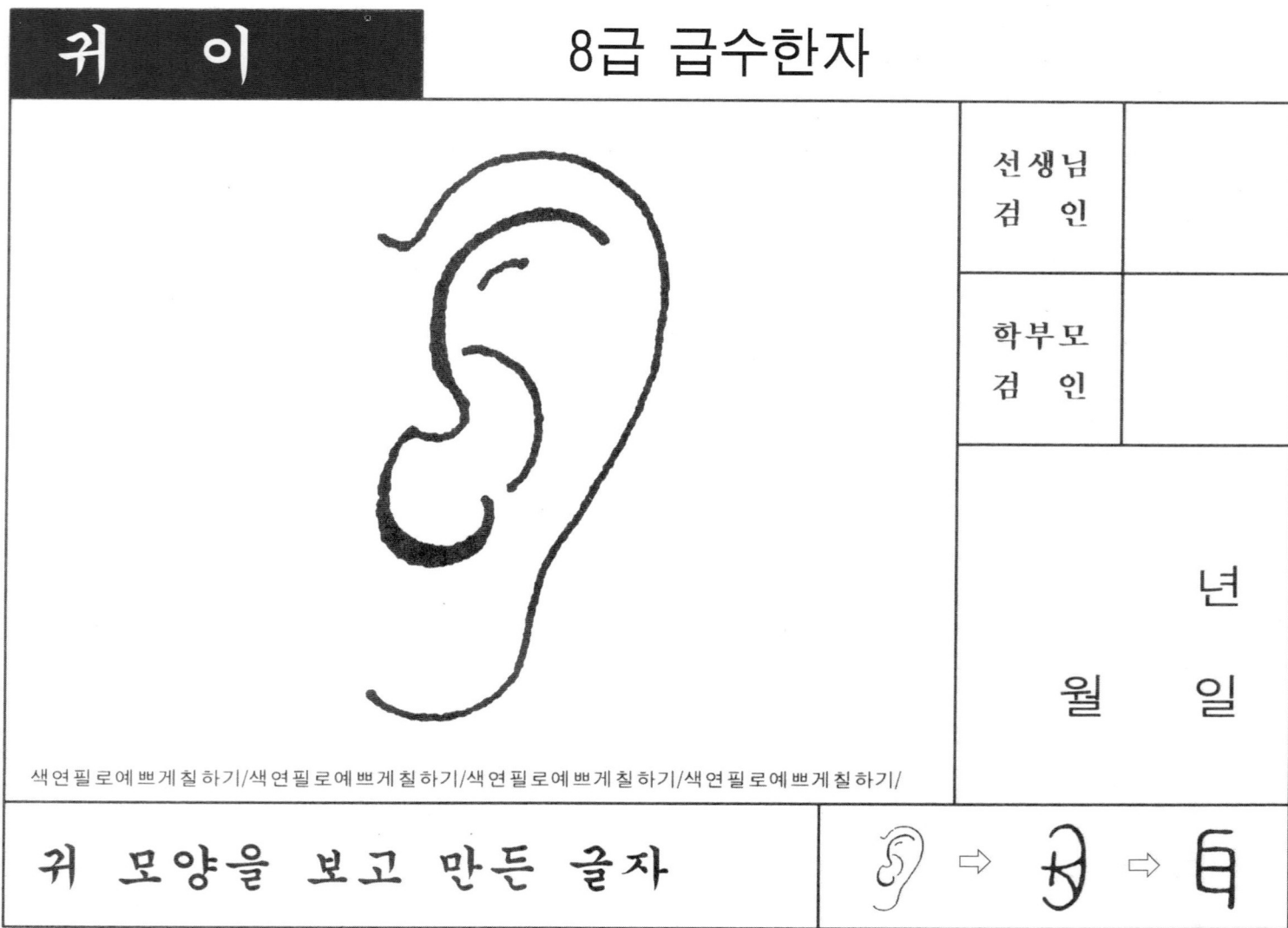

선생님 검인	
학부모 검인	
년 월 일	

귀 모양을 보고 만든 글자

	필순 一 T F F 耳 耳
耳 귀 이	

인사는 정중하게 ▶ 글씨는 정자로 바르게 씁시다

눈 목

8급 급수한자

선생님 검인	
학부모 검인	
년 월 일	

색연필로예쁘게칠하기/색연필로예쁘게칠하기/색연필로예쁘게칠하기/색연필로예쁘게칠하기/

사람의 눈 모양을 보고 만든 글자

필순	丨	冂	冂	目	目
目 눈 목					

인사는 정중하게 ▶ 글씨는 정자로 바르게 씁시다

혀 설

8급 급수한자

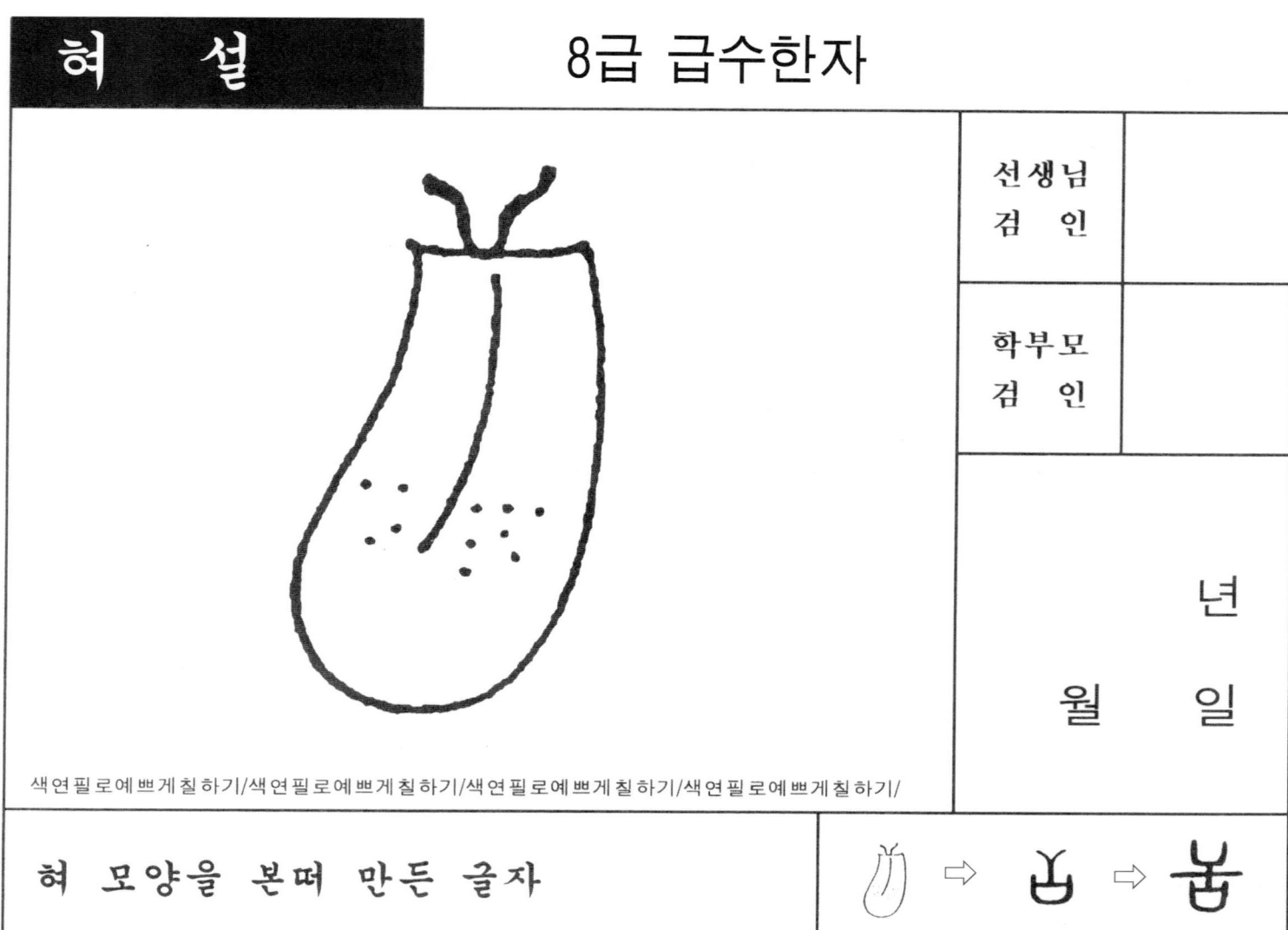

혀 모양을 본떠 만든 글자

	필순	一 二 千 千 舌 舌		
舌 혀 설				

인사는 정중하게 ▶ 글씨는 정자로 바르게 씁시다

| 마 음 심 | 8급 급수한자 |

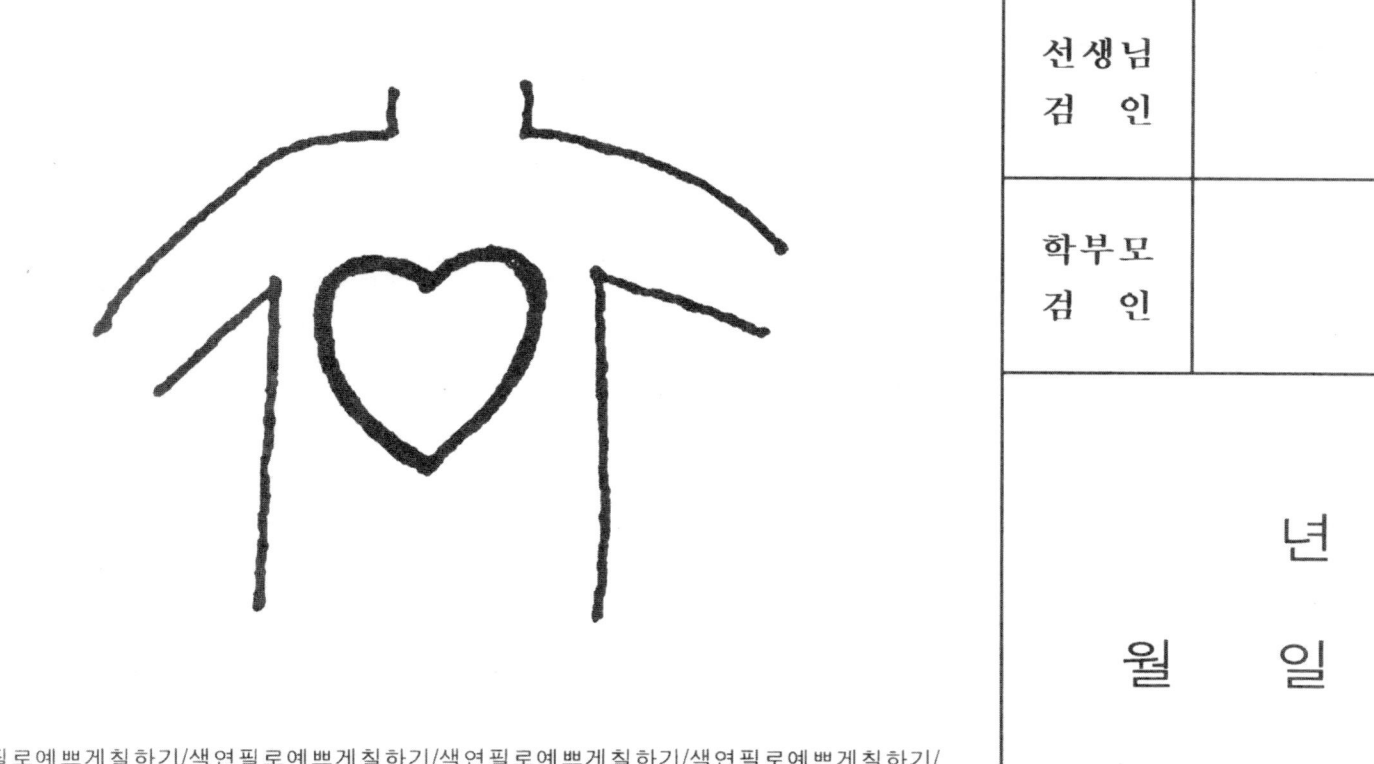

선생님 검 인	
학부모 검 인	
년 월 일	

색연필로예쁘게칠하기/색연필로예쁘게칠하기/색연필로예쁘게칠하기/색연필로예쁘게칠하기/

심장을 본떠 만든 글자

필순	ノ	心	心	心
心 마음심				

인사는 정중하게 ▶ 글씨는 정자로 바르게 씁시다

손 수

8급 급수한자

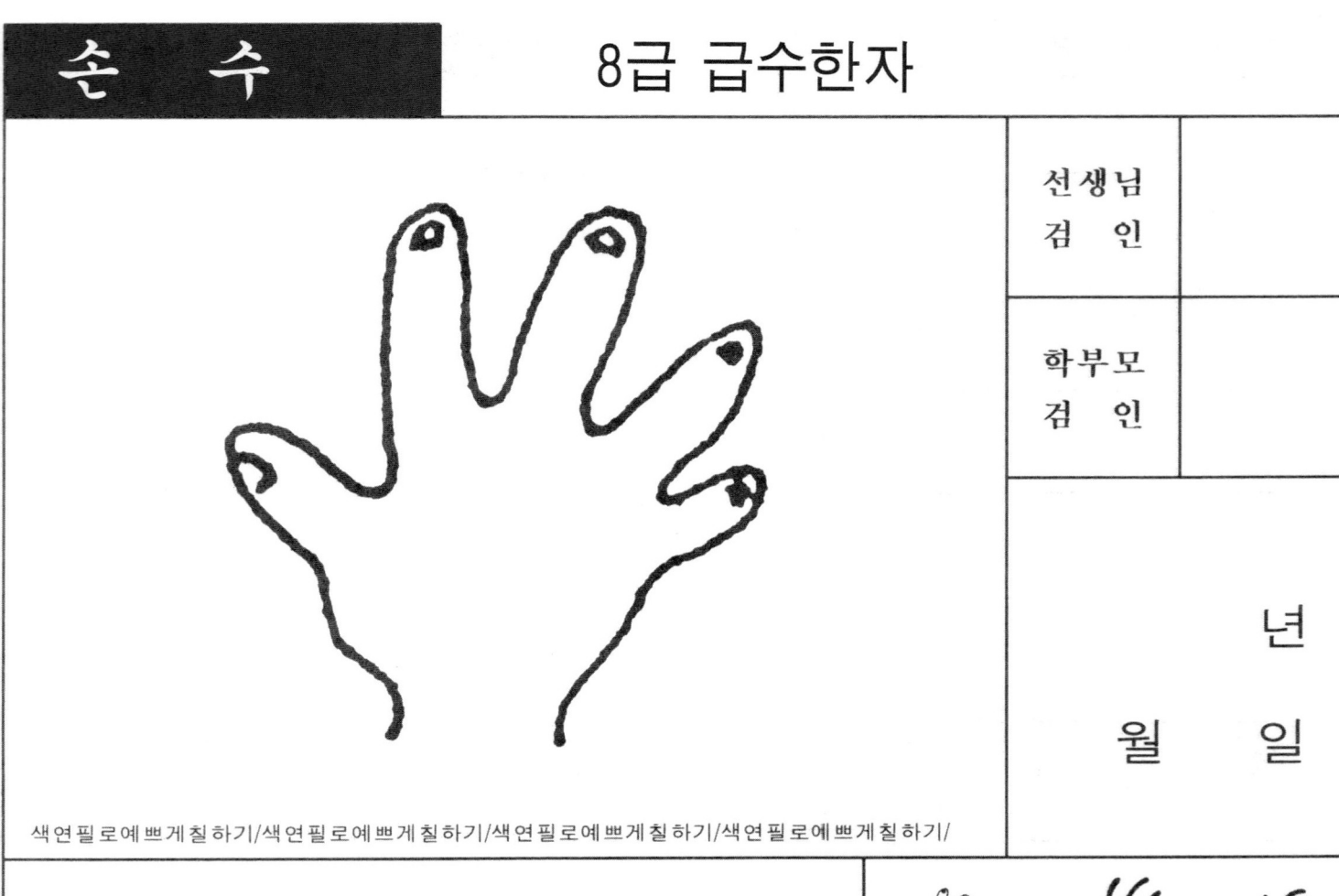

손의 모양을 본떠 만든 글자

| 선생님 검인 | |
| 학부모 검인 | |

　년
월　　일

필순	一	二	三	手
手 손 수				

인사는 정중하게 ▶ 글씨는 정자로 바르게 씁시다

발 족   8급 급수한자

선생님 검인	
학부모 검인	
년 월 일	

발의 모양을 본떠 만든 글자

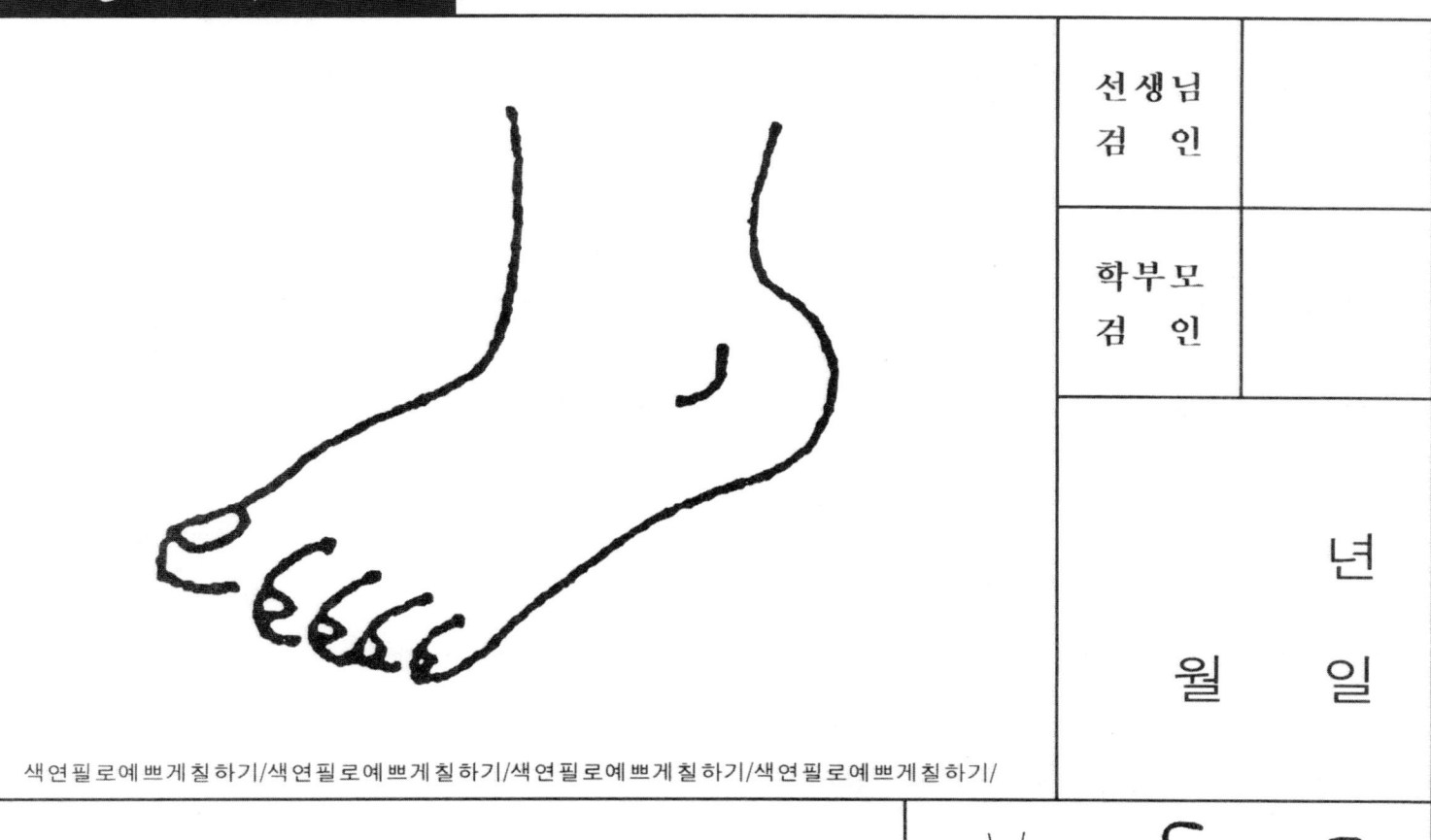

| 필순 | 丨 | 口 | 口 | 尸 | 尸 | 尸 | 足 |

足				
발 족				

인사는 정중하게 ▶ 글씨는 정자로 바르게 씁시다

아들 자

8급 급수한자

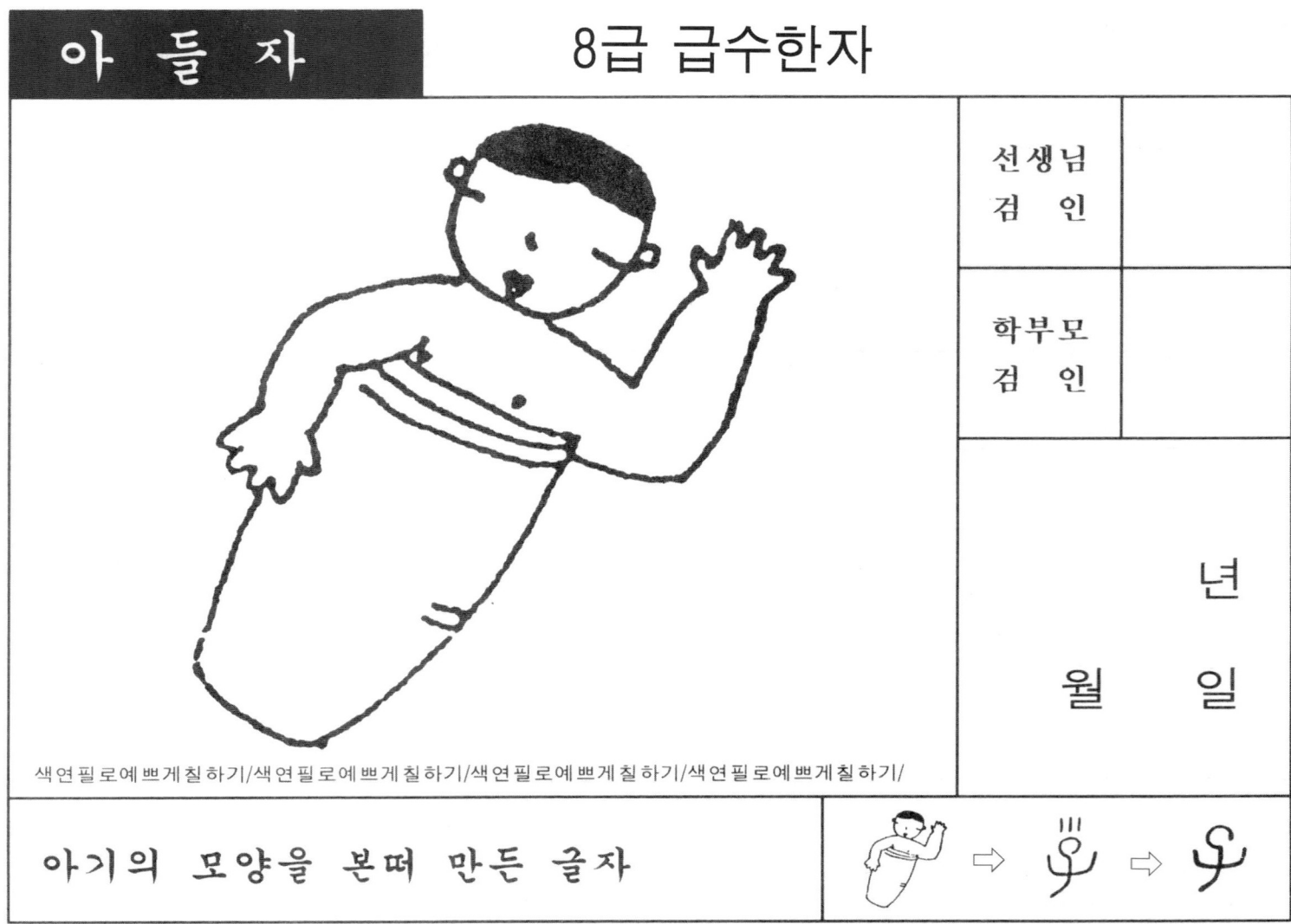

선생님 검인	
학부모 검인	

년 월 일

아기의 모양을 본떠 만든 글자

	필순	ㄱ	了	子
子				
아들 자				

인사는 정중하게 ▶ 글씨는 정자로 바르게 씁시다

계집 녀 8급 급수한자

선생님 검인	
학부모 검인	
년 월 일	

색연필로예쁘게칠하기/색연필로예쁘게칠하기/색연필로예쁘게칠하기/색연필로예쁘게칠하기/

여자가 앉아있는 모습을 보고 만든글자   ⇒

필순 ㇓ ㇛ 女

女
계집 녀

▶ 인사는 정중하게 ▶ 글씨는 정자로 바르게 씁시다

아버지부 | 8급 급수한자

	선생님 검인	
	학부모 검인	
	년 월 일	

색연필로예쁘게칠하기/색연필로예쁘게칠하기/색연필로예쁘게칠하기/색연필로예쁘게칠하기/

한손에 돌도끼를 잡고 일하는 남자의 모습으로 만든글자

 ⇒ 殳 ⇒ 父

필순 ハ ゲ 父

父
아버지부

인사는 정중하게 ▶ 글씨는 정자로 바르게 씁시다

어머니 모

선생님 검인	
학부모 검인	
년 월 일	

아기에게 젖먹이는 어머니의 모습을 보고 만든 글자

 ⇒ ⇒

필순	ㄴ	旦	旦	母	母
母 어머니모					

인사는 정중하게 ▶ 글씨는 정자로 바르게 씁시다

| 고 기 어 | 8급 급수한자 |

	선생님 검인	
	학부모 검인	
	년 월 일	

색연필로예쁘게칠하기/색연필로예쁘게칠하기/색연필로예쁘게칠하기/색연필로예쁘게칠하기/

| 물고기의 모양으로 만든 글자 | 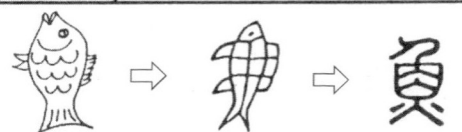 |

필순	ノ 𠂉 𠂊 𠂎 多 多 多 多 多 魚 魚 魚

魚 고기어				

인사는 정중하게 ▶ 글씨는 정자로 바르게 씁시다

8급 **46** 급수한자

조개 패 — 8급 급수한자

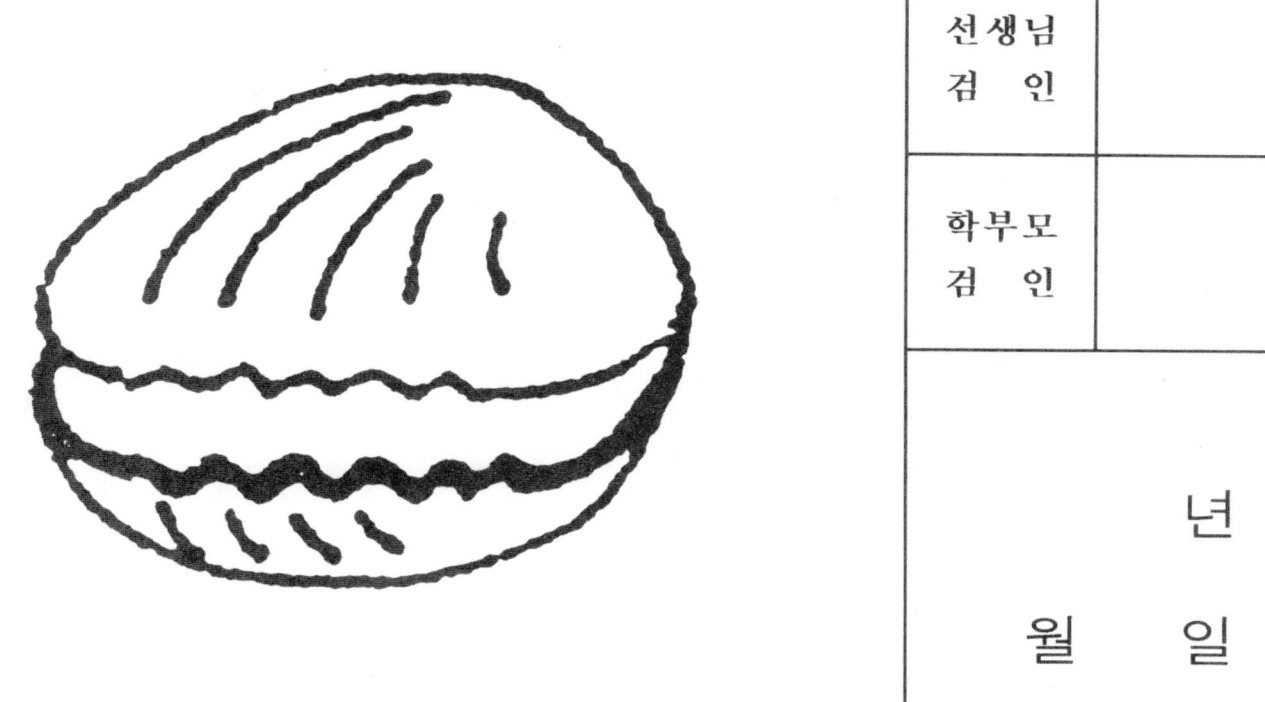

색연필로예쁘게칠하기/색연필로예쁘게칠하기/ 재물, 돈에 관계되는 글자

조개 껍질모양으로 만든 글자

	선생님 검인	
	학부모 검인	
	년 월 일	

필순	l	⼏	刀	月	目	貝	貝

貝 조개 패				

인사는 정중하게 ▶ 글씨는 정자로 바르게 씁시다

개 견

8급 급수한자

| 선생님 검 인 | |
| 학부모 검 인 | |

년 월 일

색연필로예쁘게칠하기/색연필로예쁘게칠하기/색연필로예쁘게칠하기/색연필로예쁘게칠하기/

꼬리를 감아 올린 개의 모양으로 만든 글자

	필순 一 ナ 大 犬			
犬				
개 견				

인사는 정중하게 ▶ 글씨는 정자로 바르게 씁시다

8급 **48** 급수한자

말 마

8급 급수한자

선생님 검인	
학부모 검인	
년 월 일	

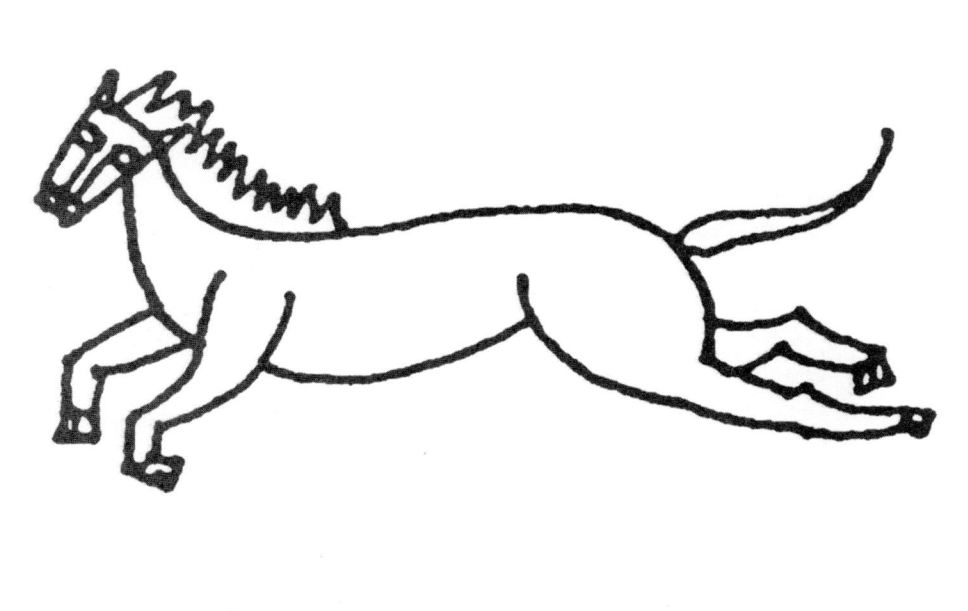

색연필로예쁘게칠하기/색연필로예쁘게칠하기/색연필로예쁘게칠하기/색연필로예쁘게칠하기/

달리는 말의 모양으로 만든 글자

필순	一 厂 厂 厂 馬 馬 馬 馬 馬			
馬 말 마				

인사는 정중하게 ▶ 글씨는 정자로 바르게 씁시다

소 우

8급 급수한자

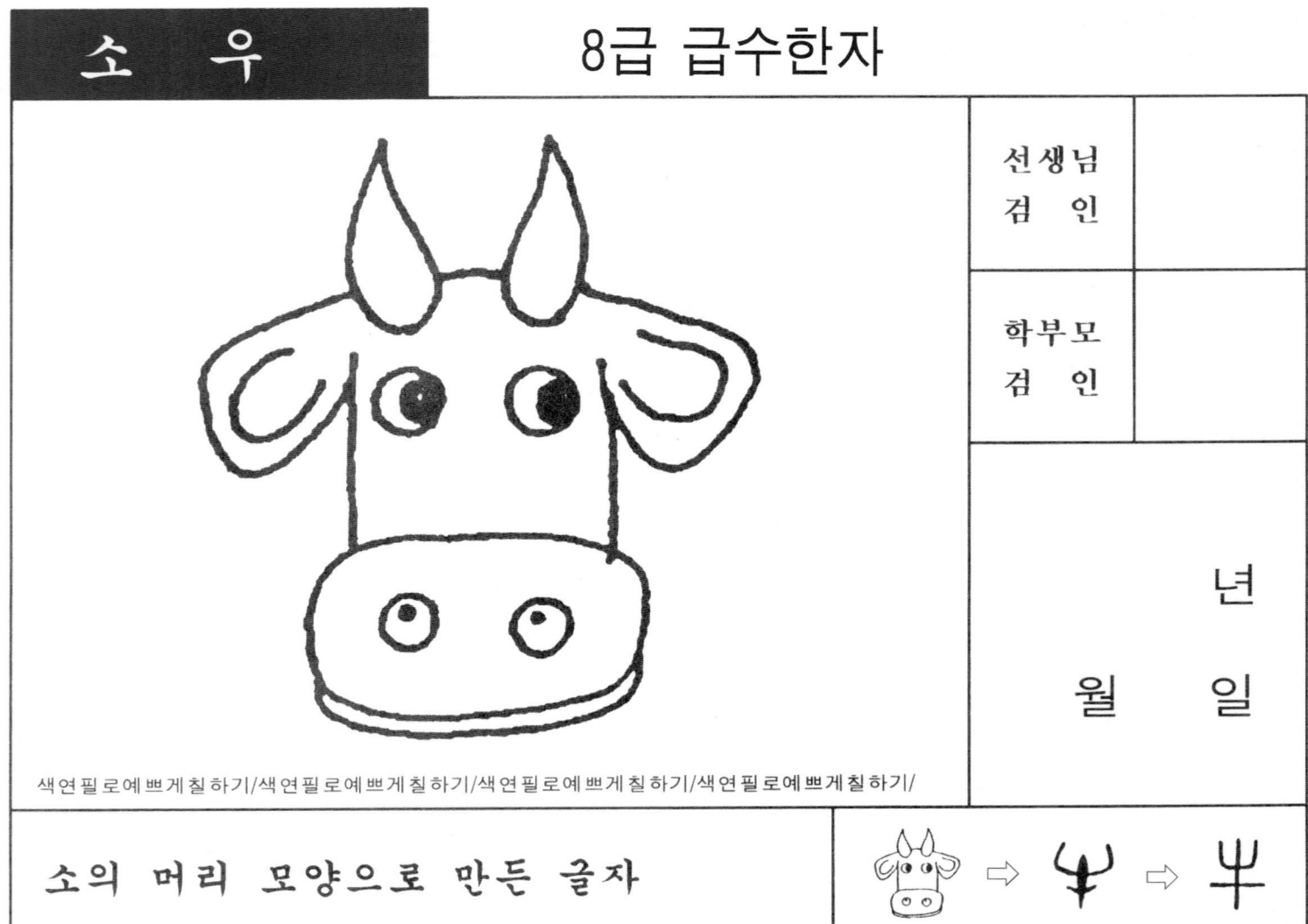

소의 머리 모양으로 만든 글자

선생님 검인	
학부모 검인	
년 월 일	

필순 ノ 一 ㄴ 牛

牛
소 우

인사는 정중하게 ▶ 글씨는 정자로 바르게 씁시다

양 양	8급 급수한자

	선생님 검인	
	학부모 검인	

년
월   일

색연필로예쁘게칠하기/색연필로예쁘게칠하기/색연필로예쁘게칠하기/색연필로예쁘게칠하기/

양의 머리모양으로 만든 글자	

필순	`	´´	坣	岦	羊

羊				
양 양				

인사는 정중하게 ▶ 글씨는 정자로 바르게 씁시다

8급 **51** 급수한자

새 을	## 8급 급수한자

새가 앉아있는 모양을 보고 만든 글자

필순 乙

乙
새 을

인사는 정중하게 ▶ 글씨는 정자로 바르게 씁시다

●도서출판 지능,신기교육(도서총판 보람도서) 유치원, 어린이집, 학원 전문 학습교재 ●
한글/숫자/받아쓰기/영어/주산/암산/서예/한자/속셈/보습/웅변/글짓기/글쓰기/논술/속독
전화 02-856-4983 / 02-844-7130   휴대폰 010-5250-7130   팩스 02-856-4984

◆ 주산 / 암산 / 수리셈 시리즈
- 주산짱암산짱+기초(개정판) 1, 2, 3
- 주산짱암산짱+기초(종합편)
- 주산짱암산짱+주산 10급~1급
- 주산짱암산짱+암산 10급~1급
- 주산짱암산짱+암산 단급
- 뉴주산수리셈 1~10단계
- 주산급수평가예상문제집 10급~1급
- 주산급수평가예상문제집 단급 A단계,B단계
- 주산짱암산짱+호산문제집
- 주산짱암산짱+학습장
- 수리셈 주산입문 1
- 수리셈 주산입문 2
- 수리셈 주산연습문제집 12급~1급, 단급
- 수리셈 암산연습문제집 9급~1급, 단급
- 검정시험통합 주산암산문제집 12급~1급
- 주산수리셈 보충교재 1, 2
- 주산암산경기대회연습문제집 유치부, 1학년, 2학년, 고학년
- 주산수리셈 기초 1단계, 2단계
- 주산수리셈 영문판 1~10단계
- 주산 실무지도서
- 주산 실기연습문제집
- 주산교육과 두뇌건강
- 주판 13주(칼라) 23주
- 교사용주판 11종

◆ 미술 / 창의
- 피카소는 내친구 1~6단계
- 미술은 내친구 1~6단계
- 미술이 좋아요 1,2,3
- 미술이 신나요 1,2,3
- 창의 또래마당 1~4

◆ 한글 / 숫자 / 받아쓰기
- 병아리반의 가나다라 상, 중, 하, 총정리
- 병아리반의 하나둘셋 상, 중, 하, 총정리
- 한글지도 I, II, III
- 똘이의 글마당 상, 중, 하(전3권)
- 똘이의 글마당 상1, 상2 중1, 중2 하1, 하2(전6권)
- 똘이의 셈마당 상, 중, 하
- 한글쓰기 1~3단계
- 글셈합본 아름드리 하나~여섯
- 영재 국어 글동산 1~5단계
- 영재 수학 셈동산 1~3단계
- 내친구 한글아 상, 중 하
- 내친구 한글아 완성편
- 한글깨우침 1~6단계
- 수셈깨우침 1~6단계
- 참똑똑한 한글달인 1~6단계
- 참똑똑한 수학달인 1~6단계
- 비테에 한글 1~8단계
- 비테에 수학 1~8단계
- 비테에 종합커리큘럼 1~6단계
- 원활동교실 1~6단계
- 꿈초롱별초롱 한글쓰기 초급, 중급, 고급
- 지혜모아 한글 1~5단계
- 해님이 우리글 1~6단계, 마무리
- 달님이 수놀이 1~6단계, 마무리
- 받아쓰기 짱 1~4단계
- 한글 받아쓰기 짱 1~4

세종교육
- 개구쟁이 짱 첫 한글
- 개구쟁이 짱 첫 수학
- 개구쟁이 짱 한글공부1~6
- 개구쟁이 짱 수학공부1~4
- 개구쟁이 수와셈1~5
- 낱말카드
- 숫자카드

◆ 한자 / 중국어
- 급수검정한자교본 8급
- 급수검정한자교본 7급
- 급수검정한자교본 6급
- 급수검정한자교본 5급
- 급수검정한자교본 4급
- 급수검정한자교본 4급2
- 급수검정한자교본 3급
- 급수검정한자교본 3급2
- 급수검정한자교본 2급
- 급수검정한자교본 1급
- 비테에 한자여행 1~6
- 급수한자자격 기출예상문제집 8급
- 급수한자자격 기출예상문제집 7급
- 급수한자자격 기출예상문제집 6급
- 급수한자자격 기출예상문제집 5급

◆ 글쓰기 / 논술 / 속독
- 알짜 글쓰기 1~12단계
- 동화속의 논술여행 A~D 각 1~5
- 동화속의 논술여행 A~D세트 (각 세트 5권)
- 글쓰기왕국 36권 기초, 초급, 중급, 고급 각 1~9
- 브레인 두뇌속독
- 정속독 실기1, 2, 응용 1,2,3
- 독서뱅크3
- 출발! 동화나라 여행

◆ 동요 / 동시
- 우리 옛시조 감상
- 해맑은 아이들의 동시
- 양면벽보
- 한글,영어,숫자
- 한자200자,900자

단계별 학습 교재 세트는 낱권도 판매 가능
유치원, 학교, 학원, 방과후, 공부방 등 단체 공동구매 및 다량 주문시 특별할인판매
표지 및 정가는 홈페이지 쇼핑몰에서 확인하실 수 있습니다.
BORAMBOOK.CO.KR / boram@borambook.co.kr

강좌교재 음서 원 1,000종 - 기타 음반교재 안내 -	독트리니 통신사	시집
세계를 움직인 아이	독트리니 가게 다녀간 10장 상 두 패드	엄마의 그리움 파 단지 몸이 너무에(이었음)
하야 아드배기	독트리니 가게 다녀간 10장 상 두 패드	목련의 밀을 듣고(정혼사)
미움을 가슴	독트리니 가게 방다녀간 10장 상 두 패드	아들이 돈은 돼 알(이었음)
남자든 종사있음 (CD포함)	독트리니 가게 A다녀간 10장 상 두 패드	들길 뒤에 편 피어나간 끝(이었음1)
업제어 돈이가다	독트리니 가게	고 위에 편 피어나가(조복수)
듣기가 365 운하셨으고	독트리니 돈 들어 마음 그리고 4장	사시가 들던 이용 5강
우수화 방상아인원을 Tape	독트리니 돈 들어 옷이 다 4장	가상 다도움 이용 5강
우수화 장아이기 Tape	독트리니 돈 들어 놓이 다 4장	달람 피아 마음 먹은(정혼사)
우수화 그대 장아이기	무를 없이는 아동	수당(조수)
동요 / 어린이	숙녀와 인형 1~9강	조금 그림 자동의 시의 대해(조수하)
내응동요 같지(참,어행,가을,기을)	무수종 1~7강제	사각의 대해(조수)
한장조 대응의기	무를갈 1~7강제	시각몽 리아가(이었음)
돌돌못을 대응의기	신수모 예의 수이강에 해주는	대 마음의 음을 싶은(정혼사)
돌돌못을 동요의기 1~9강	발림말음 1~7강, 1장번	생국에 애아나라(사육진)
돌돌못을 동요의기 12강(다장 12강)	신수모 예의 수이강에 해주는	해 그들은 아들지 것은 그기가(이었음가)
영 돌 응기지, 대기지	발림말음 1~7강, 1장번	다을이 들 돌 같은 불(숙녕이 수을)
기초 응동자	장의돋 포도시 일단	이들은 돌 돈이 (이었음)
이야 잠긴이음의당들은정 2,3강제	이아여 트시지 D다녀가	(임공) 다동으로 알고 가수성의 돌아강
임을 10강 이수 1, 2, 3강제	이아여 트시지 C다녀가	(공정) 인색어의 흘탐을 돌아 그들을 잎기
패스 기초 응동자	이아여 트시지 B다녀가	어디이등 (이었음)
아들이감이 방일들은 1,2,3강제	이아여 트시지 A다녀가	포 안녹이 자동으로 도둠(조수)
응하지용 1~2	(다시게 화일 20강, 수의 20강)	(공수)
◆ 영어 회자녹음 / 회화 / 응정의	임의 포도시	수꽃씨 알다 피아 애 모임 (조수하)
자가 시게방응두	가이의 체자의 성아가	동가(공정)(정약자)
수형취사응원 2~13강제	가이의 체자의 아아가	사람 다섯이 이음 5강
한다돌입 (숙녕안지 1강번)	가이의 체자의 영아가	시게 든미(이음 4강)
자닌수당한 3~12강제	(다가를기, 수금기 등)	누수음영(이음 3강)
수당한구2(지남영단수2강제)	(다비리 이사가들, 그러가서활강이, 주임	동의일등 발된 이었일 1강, 2강)
수당한구1(지남영단수1강제)	사이들내, 그리고아를, 숙자강	아등의 사용 긴 동(이정수)
주다(수영)응단수	임의 포도시	그 수에 박 녹(이음 2강)
(정) 기초수당영간 그동자	가이의 체자의 녹차가	돕수 앞에 피아 다(이음 1강)
(정) 기초수당영간 자동자	가이의 체자의 하아가	(강용자)
◆ 영아 / 수의 / 녹자 동제	가이의 체자의 닭이각	돌 모드의 (응의사)
정정수차녹자난응 7강~13강(8강)	방비의 양아이기 10강/수이장수10강	완이 그리도이 자처 돌이 (이영음)
기초포의각 안(8강)	임의 포도시	시집
기초포의각 안(9강)	복드리 총잎의	
수지녹차등의 안무 수2강등제(6강)		
수지녹차등의 안무 수1강등제(7강)		
수자녹차등의 안무 긴(10강수중)		
수자녹차등의 안무 긴(11강수중)		
자가, 시게교자 녹자응제		

털 모

새의 깃털 모양을 보고 만든 글자

선생님 검인	
학부모 검인	
년 월 일	

필순 一 二 三 毛

毛
털 모

인사는 정중하게 ▶ 글씨는 정자로 바르게 씁시다

| 흰 백 | 8급 급수한자 |

촛불 모양으로 만든 글자

	선생님 검인	
학부모 검인	
	년 월 일

필순 ´ ⌐ ⌐ 白 白

白				
흰 백				

인사는 정중하게 ▶ 글씨는 정자로 바르게 씁시다

| 쌀 미 | 8급 급수한자 |

선생님 검인	
학부모 검인	
년 월 일	

흩어져 있는 쌀알 모양으로 만든 글자 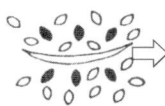 ⇨ 米 ⇨ 米

필순	` 丶 ヾ 䒑 半 米 米`

米 쌀 미				

인사는 정중하게 ▶ 글씨는 정자로 바르게 씁시다

| 대 죽 | 8급 급수한자 |

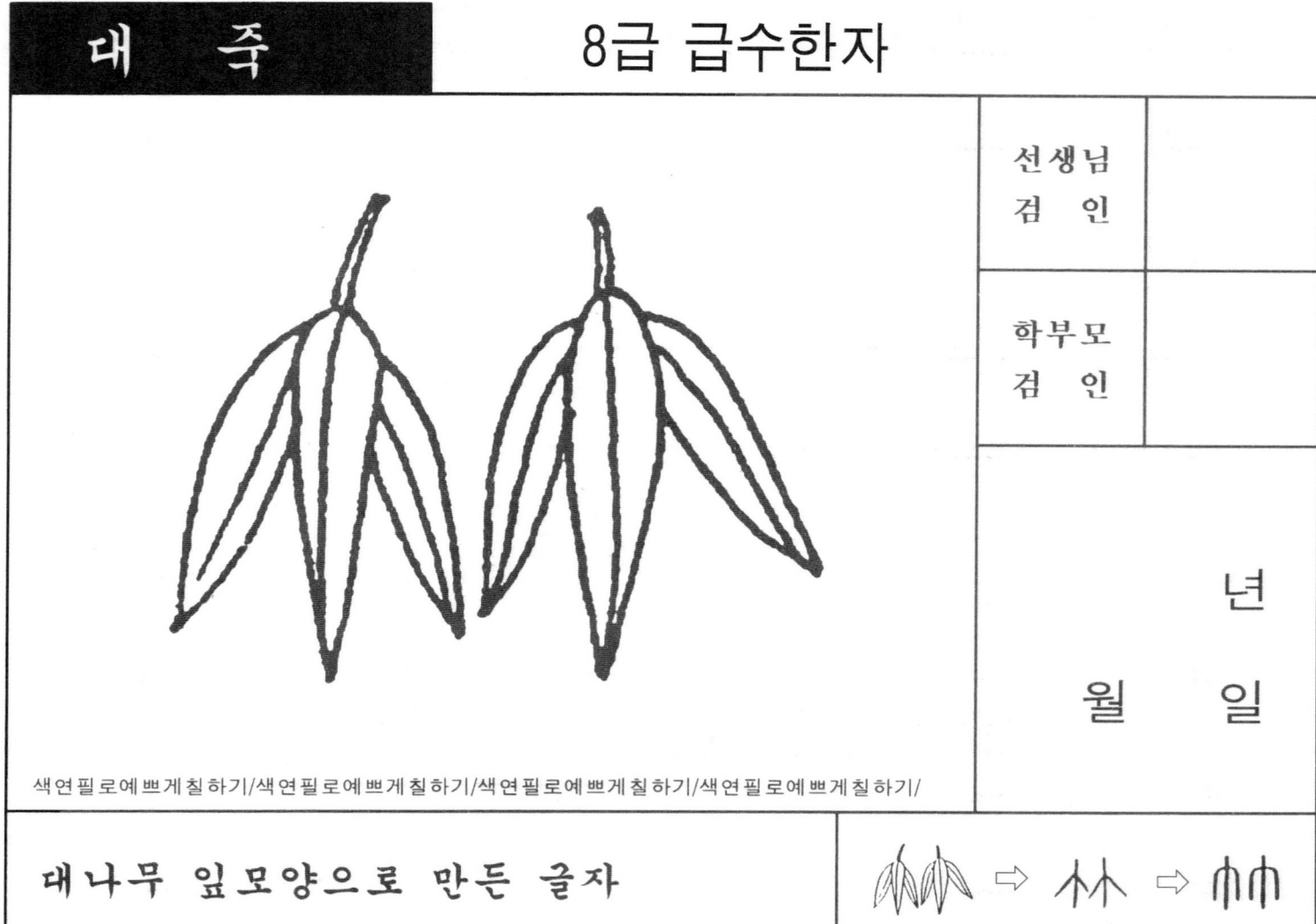

대나무 잎모양으로 만든 글자

竹
대 죽

필순 ノ ト 广 宀 竹 竹

인사는 정중하게 ▶ 글씨는 정자로 바르게 씁시다

| 벼 화 | 8급 급수한자 |

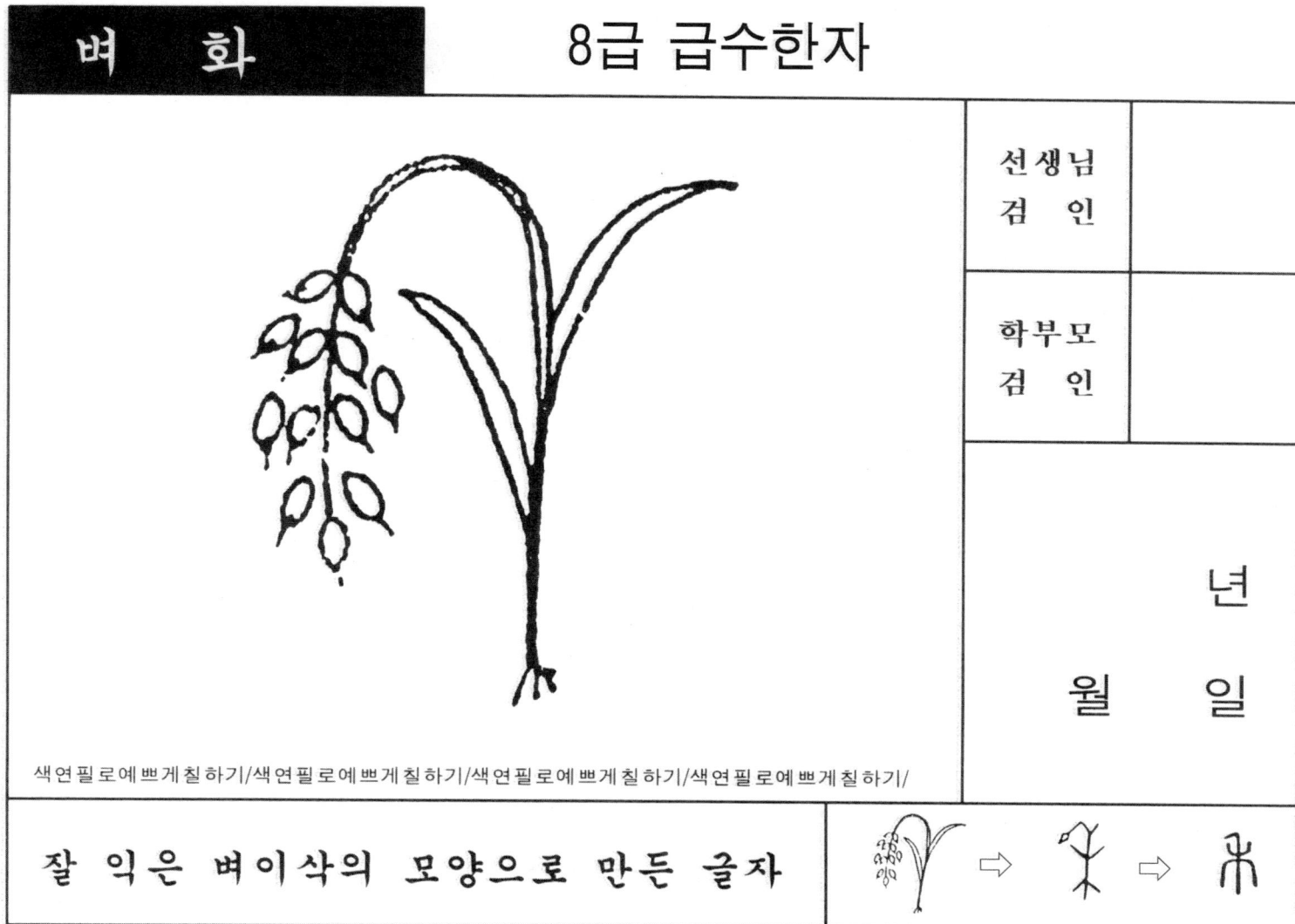

잘 익은 벼이삭의 모양으로 만든 글자

| 필순 | 一 二 千 禾 禾 |

禾

벼 화

인사는 정중하게 ▶ 글씨는 정자로 바르게 씁시다

설 립

8급 급수한자

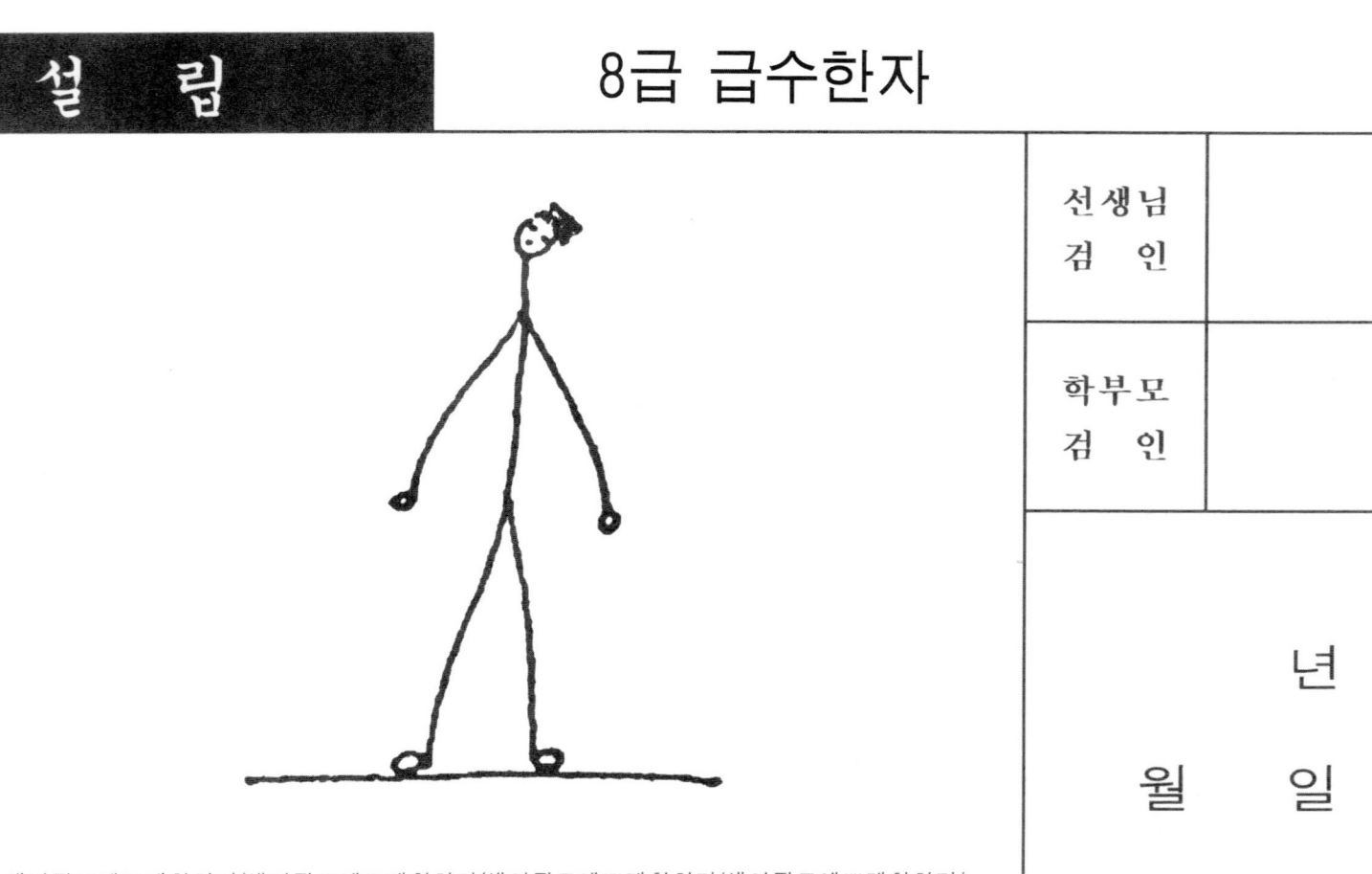

| 선생님 검인 | |
| 학부모 검인 | |

년 월 일

사람이 땅위에 서있는 모양으로 만든 글자

필순 ` 亠 六 立 立			
立 설 립			

인사는 정중하게 ▶ 글씨는 정자로 바르게 씁시다

다 닐 행

8급 급수한자

선생님 검인	
학부모 검인	
년 월 일	

십자로 길에 사람이 다니는 모양으로 만든글자

필순 ´ ㇉ 彳 彳 彳 行				
行 다닐 행				

인사는 정중하게 ▶ 글씨는 정자로 바르게 씁시다

■ 다음 단어의 훈음(뜻과 소리)을 써봅시다.

一 : 한 일	二 : 두 이
三 : 석 삼	四 : 넉 사
五 : 다섯 오	六 : 여섯 륙
七 : 일곱 칠	八 : 여덟 팔
九 : 아홉 구	十 : 열 십

■ 다음 단어의 훈음(뜻과 소리)을 써봅시다.

大 : 큰 대	小 : 작을 소
日 : 날 일	月 : 달 월
火 : 불 화	水 : 물 수
木 : 나무 목	金 : 쇠 금
土 : 흙 토	田 : 밭 전

■ 다음 단어의 훈음(뜻과 소리)을 써봅시다.

山 : 뫼 산	谷 : 골 곡
江 : 물 강	川 : 내 천
人 : 사람 인	口 : 입 구
耳 : 귀 이	目 : 눈 목
舌 : 혀 설	心 : 마음 심

■ 다음 단어의 훈음(뜻과 소리)을 써봅시다.

手 : 손 수	足 : 발 족
子 : 아들 자	女 : 계집 녀
父 : 아버지 부	母 : 어머니 모
魚 : 고기 어	貝 : 조개 패
犬 : 개 견	馬 : 말 마

■ 다음 단어의 훈음(뜻과 소리)을 써봅시다.

牛 : 소 우	羊 : 양 양
乙 : 새 을	毛 : 털 모
白 : 흰 백	米 : 쌀 미
竹 : 대 죽	禾 : 벼 화
立 : 설 립	行 : 다닐 행

■ 다음 단어의 독음을 ( )안에 쓰고 아래 빈칸에도 써봅시다.

본보기 : 一心 (일 심)

一日 （　　　）	九牛一毛 （　　　）
（　　　）	（　　　）
一心 （　　　）	大小 （　　　）
（　　　）	（　　　）
一金 （　　　）	大人 （　　　）
（　　　）	（　　　）
三三五五 （　　　）	大魚 （　　　）
（　　　）	（　　　）
五目 （　　　）	小心 （　　　）
（　　　）	（　　　）
六二五 （　　　）	小子 （　　　）
（　　　）	（　　　）

* 九牛一毛:많은 것 가운데 가장적은 것의 비유 * 三三五五: 여럿이 무리지어 다니거나 무슨일을 하는 모양

■ 다음 단어의 독음을 ( )안에 쓰고 아래 빈칸에도 써봅시다.

본보기 : 일심 (一 心)

일일 ( )	구우일모( )
( )	( )
일심 ( )	대소 ( )
( )	( )
일금 ( )	대인 ( )
( )	( )
삼삼오오( )	대어 ( )
( )	( )
오목 ( )	소심 ( )
( )	( )
육이오( )	소자 ( )
( )	( )

■ 다음 단어의 독음을 (   )안에 쓰고 아래 빈칸에도 써봅시다.

본보기 : 一心 (일 심)

日月	( )	山羊	( )
	( )		( )
火山	( )	山川	( )
	( )		( )
火田	( )	谷口	( )
	( )		( )
土木	( )	江山	( )
	( )		( )
山水	( )	人馬	( )
	( )		( )
山行	( )	人心	( )
	( )		( )

■ 다음 단어의 독음을 (　)안에 쓰고 아래 빈칸에도 써봅시다.

본보기 : 일심 (一 心)

일월 (　　)	산양 (　　)
(　　)	(　　)
화산 (　　)	산천 (　　)
(　　)	(　　)
화전 (　　)	곡구 (　　)
(　　)	(　　)
토목 (　　)	강산 (　　)
(　　)	(　　)
산수 (　　)	인마 (　　)
(　　)	(　　)
산행 (　　)	인심 (　　)
(　　)	(　　)

■ 다음 단어의 독음을 (　)안에 쓰고 아래 빈칸에도 써봅시다.

본보기 : 一心 (일　심)

耳目 (　　　)	父母 (　　　)
(　　　)	(　　　)
手足 (　　　)	父子 (　　　)
(　　　)	(　　　)
子女 (　　　)	父女 (　　　)
(　　　)	(　　　)
女大 (　　　)	母子 (　　　)
(　　　)	(　　　)
女子 (　　　)	魚貝 (　　　)
(　　　)	(　　　)
女人 (　　　)	犬馬 (　　　)
(　　　)	(　　　)

■ 다음 단어의 독음을 (   )안에 쓰고 아래 빈칸에도 써봅시다.

본보기 : 일심 (一 心)

이목 ( )	부모 ( )
( )	( )
수족 ( )	부자 ( )
( )	( )
자녀 ( )	부녀 ( )
( )	( )
여대 ( )	모자 ( )
( )	( )
여자 ( )	어패 ( )
( )	( )
여인 ( )	견마 ( )
( )	( )

■ 다음 단어의 독음을 (   )안에 쓰고 아래 빈칸에도 써봅시다.

본보기 : 一心 (일 심)

牛馬 ( )	立心 ( )
( )	( )
牛耳 ( )	立木 ( )
( )	( )
羊毛 ( )	行人 ( )
( )	( )
白米 ( )	
( )	
竹馬 ( )	
( )	
竹田 ( )	
( )	

■ 다음 단어의 독음을 ( )안에 쓰고 아래 빈칸에도 써봅시다.

본보기 : 일심 (一 心)

우마 ( )	입심 ( )
( )	( )
우이 ( )	입목 ( )
( )	( )
양모 ( )	행인 ( )
( )	( )
백미 ( )	
( )	
죽마 ( )	
( )	
죽전 ( )	
( )	

8급 기 출 문 제 1회

대한민국한자자격검정시험   성명 (   )   점수   점

가. 다음 한자와 맞는 것끼리 줄로 이으세요.

1) 手 .   .① 입구

2) 江 .   .② 손수

3) 口 .   .③ 강강

4) 三 .   .④ 석삼

5) 牛 .   .⑤ 나무목

6) 木 .   .⑥ 조개패

7) 貝 .   .⑦ 소우

8) 八 .   .⑧ 다닐행

9) 行 .   .⑨ 여덟팔

10) 羊 .   .⑩ 양양

나. 다음한자에 뜻(훈)과 소리(음)을 쓰세요.

참고 : 마음심.설립.조개패.뫼산.다섯오.개견.
눈목. 입구. 양양. 여덟팔. 혀설. 말마.
새을.일곱칠. 물수

11) 立 (   )

12) 貝 (   )

13) 心 (   )

14) 山 (   )

15) 五 (   )

16) 犬 (   )

17) 目 (   )

18) 口 (   )

19) 八 (   )

20) 羊 (   )

21) 舌 (   )

22) 水 (   )

23) 七 (   )

24) 乙 (   )

25) 馬 (   )

다. 다음 한자어의 독음을 쓰시오.

참고 : 소심.부녀.부모.산양.산천.화목.
행인.어패.일월.이목.육칠.부자.
사일구.목석.화전.인마.구우일모.오목.
산행.곡구.삼일.일심. 대인.견마.산수

26) 山羊 (   )

27) 女大 (   )

28) 小心 (   )

29) 父母 (   )

30) 耳目 (   )

31) 六七 (   )

32) 日月 (   )

33) 五目 (   )

34) 山行 (   )

35) 谷口 (   )

36) 人馬 (   )

37) 一心 (   )

38) 大人 (   )

39) 犬馬 (   )

40) 山水 (   )

41) 山川 (   )

42) 三日 (   )

43) 火木 (   )

44) 火田 (   )

45) 行人 (   )

46) 魚貝 (   )

47) 父子 (   )

48) 木石 (   )

49) 四一九(   )

50) 九牛一毛(   )

8급 기출문제 2회

대한민국한자자격검정시험　　성명 (　　　)　　점수　　점

가. 다음 한자와 그림이 맞는 것 끼리 줄로 이으세요.

1) 山 ·　　　　·① 석삼

2) 三 ·　　　　·② 뫼산

3) 口 ·　　　　·③ 여덟팔

4) 江 ·　　　　·④ 입구

5) 牛 ·　　　　·⑤ 강강

6) 八 ·　　　　·⑥ 조개패

7) 羊 ·　　　　·⑦ 소우

8) 貝 ·　　　　·⑧ 손수

9) 行 ·　　　　·⑨ 양양

10) 手 ·　　　　·⑩ 다닐행

나. 다음 한자에 뜻(훈)과 소리(음)을 쓰세요.

보기 : 一 (한일)

11) 口 (　　　　　)

12) 乙 (　　　　　)

13) 心 (　　　　　)

14) 木 (　　　　　)

15) 四 (　　　　　)

16) 犬 (　　　　　)

17) 目 (　　　　　)

18) 효 (　　　　　)

19) 八 (　　　　　)

20) 羊 (　　　　　)

21) 舌 (　　　　　)

22) 水 (　　　　　)

23) 七 (　　　　　)

24) 貝 (　　　　　)

25) 馬 (　　　　　)

다. 다음 한자어의 독음을 쓰시오.

참고 : 一 二 (일이)

26) 日月 (　　　　　)

27) 女大 (　　　　　)

28) 小心 (　　　　　)

29) 父母 (　　　　　)

30) 耳目 (　　　　　)

31) 六七 (　　　　　)

32) 山羊 (　　　　　)

33) 五目 (　　　　　)

34) 山行 (　　　　　)

35) 谷口 (　　　　　)

36) 人馬 (　　　　　)

37) 山水 (　　　　　)

38) 大人 (　　　　　)

39) 犬馬 (　　　　　)

40) 一心 (　　　　　)

41) 一毛 (　　　　　)

42) 三日 (　　　　　)

43) 火木 (　　　　　)

44) 火田 (　　　　　)

45) 行人 (　　　　　)

46) 魚貝 (　　　　　)

47) 父子 (　　　　　)

48) 木石 (　　　　　)

49) 四一九 (　　　　　)

50) 山川 (　　　　　)

8급 기출문제 3회

대한민국한자자격검정시험   성명 (   )   점수   점

가. 다음 한자의 훈음을 오른쪽에서 찾아 그 번호를 쓰시오.

1) 九 (   )   ①넉 사

2) 乙 (   )   ②아홉 구

3) 竹 (   )   ③달 월

4) 四 (   )   ④새 을

5) 月 (   )   ⑤대 죽

6) 舌 (   )   ⑥혀 설

7) 魚 (   )   ⑦어머니 모

8) 母 (   )   ⑧발 족

9) 禾 (   )   ⑨고기 어

10) 足 (   )   ⑩벼 화

나. 다음 한자에 뜻(훈)과 소리(음)을 쓰세요.

본보기 : 一 (한일)

11) 禾 (   )

12) 立 (   )

13) 行 (   )

14) 魚 (   )

15) 竹 (   )

16) 女 (   )

17) 山 (   )

18) 犬 (   )

19) 口 (   )

20) 貝 (   )

21) 田 (   )

22) 七 (   )

23) 白 (   )

24) 足 (   )

25) 土 (   )

다. 다음 한자어의 독음을 쓰시오.

본보기 : 一 二 (일이)

26) 二日 (　　　　　)

27) 小心 (　　　　　)

28) 大人 (　　　　　)

29) 竹石 (　　　　　)

30) 四五 (　　　　　)

31) 一金 (　　　　　)

32) 牛目 (　　　　　)

33) 魚貝 (　　　　　)

34) 父女 (　　　　　)

35) 行人 (　　　　　)

36) 火金 (　　　　　)

37) 牛馬 (　　　　　)

38) 大魚 (　　　　　)

39) 父母 (　　　　　)

40) 子女 (　　　　　)

41) 行人 (　　　　　)

42) 人心 (　　　　　)

43) 竹馬 (　　　　　)

44) 女大 (　　　　　)

45) 白米 (　　　　　)

46) 江山 (　　　　　)

47) 立木 (　　　　　)

48) 羊毛 (　　　　　)

49) 六二五 (　　　　　)

50) 三三五五 (　　　　　)

8급 기 출 문 제 4회

대한민국한자자격검정시험   성명 (   )   점수   점

가. 다음 한자와 맞는 것끼리 줄로 이으세요.

1) 立 .   .① 새을

2) 乙 .   .② 설립

3) 口 .   .③ 입구

4) 四 .   .④ 달월

5) 月 .   .⑤ 넉사

6) 竹 .   .⑥ 고기어

7) 魚 .   .⑦ 대죽

8) 母 .   .⑧ 벼화

9) 禾 .   .⑨ 일곱칠

10) 七 .   .⑩ 어머니모

나. 다음 한자에 뜻(훈)과 소리(음)을 쓰세요.

본보기 : 一 (한일)

11) 九 (   )

12) 行 (   )

13) 禾 (   )

14) 竹 (   )

15) 魚 (   )

16) 女 (   )

17) 山 (   )

18) 貝 (   )

19) 犬 (   )

20) 口 (   )

21) 四 (   )

22) 田 (   )

23) 白 (   )

24) 土 (   )

25) 足 (   )

다. 다음 한자어의 독음을 쓰시오.

본보기 : 一 二 (일이)

26) 竹石 (   )

27) 父母 (   )

28) 五目 (   )

29) 大人 (   )

30) 四五 (   )

31) 魚貝 (   )

32) 父女 (   )

33) 一金 (   )

34) 牛目 (   )

35) 行人 (   )

36) 大魚 (   )

37) 火金 (   )

38) 三月 (   )

39) 牛馬 (   )

40) 竹馬 (   )

41) 子女 (   )

42) 江山 (   )

43) 女大 (   )

44) 人心 (   )

45) 立木 (   )

46) 羊毛 (   )

47) 九月 (   )

48) 白米 (   )

49) 八一五(   )

50) 五月五日(   )

8급 기출문제 5회

대한민국한자자격검정시험   성명 (   )   점수   점

가. 다음 한자와 맞는 것끼리 줄로 이으세요.

1) 手 .   .① 강강

2) 江 .   .② 손수

3) 口 .   .③ 입구

4) 三 .   .④ 조개패

5) 牛 .   .⑤ 나무목

6) 木 .   .⑥ 소우

7) 貝 .   .⑦ 석삼

8) 八 .   .⑧ 다닐행

9) 行 .   .⑨ 여덟팔

10) 羊.   .⑩ 양양

나. 다음한자에 뜻(훈)과 소리(음)을 쓰세요.

참고 : 마음심.설립.조개패. 뫼산.다섯오.개견.
눈목. 입구. 양양. 여덟팔. 혀설. 말마.
새을.일곱칠. 물수

11) 心 (   )

12) 貝 (   )

13) 五 (   )

14) 山 (   )

15) 立 (   )

16) 犬 (   )

17) 羊 (   )

18) 口 (   )

19) 目 (   )

20) 八 (   )

21) 馬 (   )

22) 七 (   )

23) 水 (   )

24) 乙 (   )

25) 舌 (   )

다. 다음 한자어의 독음을 쓰시오.

참고 : 소심.부녀.부모.산양.산천.화목.
행인.어패.일월.이목.육칠.부자.
사일구.목석.화전.인마.구우일모.오목.
산행.곡구.삼일.일심. 대인.견마.산수

26) 小心 (　　　　　　　)

27) 女大 (　　　　　　　)

28) 山羊 (　　　　　　　)

29) 山行 (　　　　　　　)

30) 耳目 (　　　　　　　)

31) 日月 (　　　　　　　)

32) 六七 (　　　　　　　)

33) 五目 (　　　　　　　)

34) 人馬 (　　　　　　　)

35) 谷口 (　　　　　　　)

36) 一心 (　　　　　　　)

37) 父母 (　　　　　　　)

38) 大人 (　　　　　　　)

39) 犬馬 (　　　　　　　)

40) 三日 (　　　　　　　)

41) 山川 (　　　　　　　)

42) 火木 (　　　　　　　)

43) 山水 (　　　　　　　)

44) 火田 (　　　　　　　)

45) 木石 (　　　　　　　)

46) 魚貝 (　　　　　　　)

47) 行人 (　　　　　　　)

48) 父子 (　　　　　　　)

49) 八一五 (　　　　　　　)

50) 六月六日(　　　　　　　)

8급 예상문제 1회

대한민국한자자격검정시험   성명 (   )   점수   점

가. 다음 한자와 그림이 맞는 것 끼리 줄로 이으세요.

1) 大 ·   · ① (막대기 그림)
2) 六 ·   · ② (집 그림)
3) 一 ·   · ③ (사람 그림)
4) 口 ·   · ④ (연기 그림)
5) 水 ·   · ⑤ (산 그림)
6) 山 ·   · ⑥ (입 그림)
7) 母 ·   · ⑦ (손 그림)
8) 米 ·   · ⑧ (소 그림)
9) 牛 ·   · ⑨ (엄마와 아기 그림)
10) 手 ·   · ⑩ (쌀 그림)

나. 다음 한자에 뜻(훈)과 소리(음)을 쓰세요.

본보기 : 一 (한 일)

11) 六   (   )
12) 毛   (   )
13) 手   (   )
14) 金   (   )
15) 五   (   )
16) 乙   (   )
17) 心   (   )
18) 木   (   )
19) 四   (   )
20) 羊   (   )
21) 舌   (   )
22) 水   (   )
23) 三   (   )
24) 牛   (   )
25) 目   (   )

다. 다음 한자어의 독음을 쓰시오.

본보기 : 一 二 (일이)

26) 山川 (　　　　　)

27) 手足 (　　　　　)

28) 父母 (　　　　　)

29) 二日 (　　　　　)

30) 小心 (　　　　　)

31) 牛耳 (　　　　　)

32) 魚貝 (　　　　　)

33) 父女 (　　　　　)

34) 牛馬 (　　　　　)

35) 大人 (　　　　　)

36) 大魚 (　　　　　)

37) 女子 (　　　　　)

38) 火田 (　　　　　)

39) 一金 (　　　　　)

40) 五目 (　　　　　)

41) 一心 (　　　　　)

42) 山羊 (　　　　　)

43) 日月 (　　　　　)

44) 土木 (　　　　　)

45) 行人 (　　　　　)

46) 人心 (　　　　　)

47) 子女 (　　　　　)

48) 立木 (　　　　　)

49) 羊毛 (　　　　　)

50) 小子 (　　　　　)

8급   예상문제   2회

대한민국한자자격검정시험   성명 (   )   점수   점

가. 다음 한자와 그림이 맞는 것 끼리 줄로 이으세요.

1) 谷 ·   · ①
2) 木 ·   · ②
3) 二 ·   · ③
4) 七 ·   · ④
5) 小 ·   · ⑤
6) 魚 ·   · ⑥
7) 乙 ·   · ⑦
8) 耳 ·   · ⑧
9) 竹 ·   · ⑨
10) 足 ·   · ⑩

나. 다음 한자에 뜻(훈)과 소리(음)을 쓰세요.

본보기 : 一 (한 일)

11) 火   (   )
12) 二   (   )
13) 馬   (   )
14) 耳   (   )
15) 月   (   )
16) 一   (   )
17) 犬   (   )
18) 口   (   )
19) 貝   (   )
20) 立   (   )
21) 行   (   )
22) 魚   (   )
23) 日   (   )
24) 人   (   )
25) 禾   (   )

다. 다음 한자어의 독음을 쓰시오.

본보기 : 一 二（일이 ）

26) 山羊（　　　　　）

27) 父母（　　　　　）

28) 六七（　　　　　）

29) 日月（　　　　　）

30) 五目（　　　　　）

31) 小心（　　　　　）

32) 山田（　　　　　）

33) 牛耳（　　　　　）

34) 羊毛（　　　　　）

35) 一金（　　　　　）

36) 火田（　　　　　）

37) 竹馬（　　　　　）

38) 白米（　　　　　）

39) 九日（　　　　　）

40) 手足（　　　　　）

41) 山川（　　　　　）

42) 一心（　　　　　）

43) 父母（　　　　　）

44) 大馬（　　　　　）

45) 行人（　　　　　）

46) 魚貝（　　　　　）

47) 四五（　　　　　）

48) 江山（　　　　　）

49) 母女（　　　　　）

50) 行人（　　　　　）

8급   예상문제   3회

대한민국한자자격검정시험   성명 (   )   점수   점

가. 다음 한자와 그림이 맞는 것 끼리 줄로 이으세요.

1) 八 ·   · ①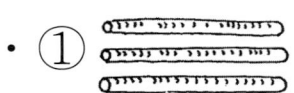

2) 三 ·   · ②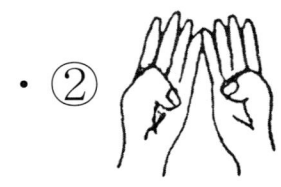

3) 金 ·   · ③

4) 江 ·   · ④

5) 目 ·   · ⑤

6) 日 ·   · ⑥

7) 羊 ·   · ⑦

8) 子 ·   · ⑧

9) 行 ·   · ⑨

10) 貝 ·   · ⑩

나. 다음 한자에 뜻(훈)과 소리(음)을 쓰세요.

본보기 : 一 (한 일)

11) 立 (   )

12) 貝 (   )

13) 耳 (   )

14) 水 (   )

15) 五 (   )

16) 犬 (   )

17) 目 (   )

18) 木 (   )

19) 八 (   )

20) 馬 (   )

21) 舌 (   )

22) 金 (   )

23) 七 (   )

24) 牛 (   )

25) 心 (   )

다. 다음 한자어의 독음을 쓰시오.

본보기 : 一 二 (일이)

26) 手足 (　　　　　)

27) 火口 (　　　　　)

28) 大人 (　　　　　)

29) 竹石 (　　　　　)

30) 父母 (　　　　　)

31) 立木 (　　　　　)

32) 江山 (　　　　　)

33) 魚貝 (　　　　　)

34) 母子 (　　　　　)

35) 行人 (　　　　　)

36) 火金 (　　　　　)

37) 牛馬 (　　　　　)

38) 土木 (　　　　　)

39) 父母 (　　　　　)

40) 子女 (　　　　　)

41) 立心 (　　　　　)

42) 小子 (　　　　　)

43) 竹馬 (　　　　　)

44) 女大 (　　　　　)

45) 白米 (　　　　　)

46) 羊毛 (　　　　　)

47) 大魚 (　　　　　)

48) 女人 (　　　　　)

49) 六二五 (　　　　　)

50) 三三五五 (　　　　　)

8급 예상문제 4회

대한민국한자자격검정시험   성명 (   )   점수   점

가. 다음 한자와 그림이 맞는 것 끼리 줄로 이으세요.

1) 九 · 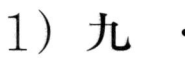 ①
2) 土 · 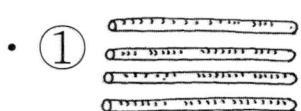 ②
3) 川 ·  ③
4) 四 ·  ④
5) 月 · 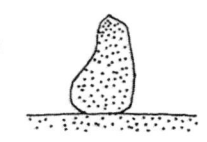 ⑤
6) 舌 · 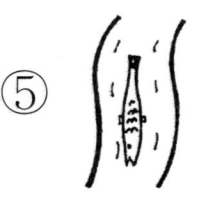 ⑥
7) 毛 · 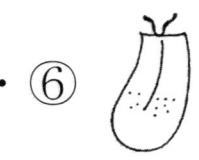 ⑦
8) 女 ·  ⑧
9) 禾 · 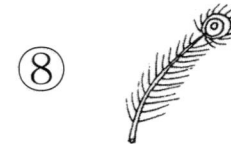 ⑨
10) 犬 ·  ⑩

나. 다음 한자에 뜻(훈)과 소리(음)을 쓰세요.

본보기 : 一 (한 일)

11) 禾   (   )
12) 父   (   )
13) 谷   (   )
14) 九   (   )
15) 竹   (   )
16) 女   (   )
17) 山   (   )
18) 八   (   )
19) 米   (   )
20) 子   (   )
21) 田   (   )
22) 七   (   )
23) 白   (   )
24) 足   (   )
25) 土   (   )

다. 다음 한자어의 독음을 쓰시오.

본보기 : 一 二 (일이)

26) 土木 (　　　　　)
27) 女大 (　　　　　)
28) 小心 (　　　　　)
29) 父母 (　　　　　)
30) 耳目 (　　　　　)
31) 大魚 (　　　　　)
32) 火山 (　　　　　)
33) 山田 (　　　　　)
34) 山行 (　　　　　)
35) 谷口 (　　　　　)
36) 人馬 (　　　　　)
37) 一心 (　　　　　)
38) 大人 (　　　　　)
39) 犬馬 (　　　　　)
40) 山水 (　　　　　)
41) 行人 (　　　　　)
42) 三日 (　　　　　)
43) 火木 (　　　　　)
44) 大小 (　　　　　)
45) 石手 (　　　　　)
46) 山水 (　　　　　)
47) 父子 (　　　　　)
48) 木石 (　　　　　)
49) 四一九 (　　　　　)
50) 九牛一毛 (　　　　　)

8급 예상문제 5회

대한민국한자자격검정시험   성명 (   )   점수   점

가. 다음 한자와 그림이 맞는 것 끼리 줄로 이으세요.

나. 다음 한자에 뜻(훈)과 소리(음) 을 쓰세요.

본보기 : 一 (한 일)

1) 人 ·   · ①

2) 心 ·   · ②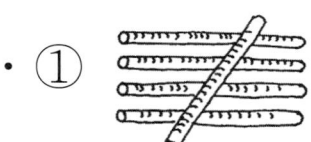

3) 五 ·   · ③

4) 十 ·   · ④

5) 火 ·   · ⑤

6) 田 ·   · ⑥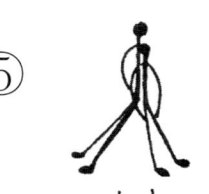

7) 馬 ·   · ⑦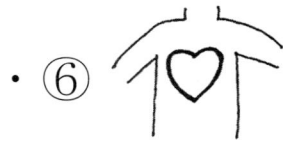

8) 立 ·   · ⑧

9) 白 ·   · ⑨

10) 父 ·   · ⑩

11) 土 (   )
12) 八 (   )
13) 羊 (   )
14) 手 (   )
15) 田 (   )
16) 九 (   )
17) 乙 (   )
18) 足 (   )
19) 山 (   )
20) 十 (   )
21) 毛 (   )
22) 子 (   )
23) 谷 (   )
24) 大 (   )
25) 行 (   )

다. 다음 한자어의 독음을 쓰시오.

본보기 : 一 二(일이)

26) 大馬 (　　　　　)

27) 山水 (　　　　　)

28) 土木 (　　　　　)

29) 五日 (　　　　　)

30) 一金 (　　　　　)

31) 火田 (　　　　　)

32) 小心 (　　　　　)

33) 大小 (　　　　　)

34) 魚貝 (　　　　　)

35) 父母 (　　　　　)

36) 耳目 (　　　　　)

37) 山水 (　　　　　)

38) 火山 (　　　　　)

39) 行人 (　　　　　)

40) 子女 (　　　　　)

41) 母子 (　　　　　)

42) 父子 (　　　　　)

43) 山行 (　　　　　)

44) 谷口 (　　　　　)

45) 一心 (　　　　　)

46) 犬馬 (　　　　　)

47) 江山 (　　　　　)

48) 羊毛 (　　　　　)

49) 女大 (　　　　　)

50) 八九 (　　　　　)

8급 기출 문제 모범 답안

■ 제1회 (☞ 73~74쪽)

1)② 2)③ 3)① 4)④ 5)⑦ 6)⑤ 7)⑥ 8)⑨ 9)⑧ 10)⑩ 11)설립 12)조개패 13)마음심 14)뫼산 15)다섯오 16)개견 17)눈목 18)입구 19)여덟팔 20)양양 21)혀설 22)물수 23)일곱칠 24)새을 25)말마 26)산양 27)여대 28)소심 29)부모 30)이목 31)육칠 32)일월 33)오목 34)산행 35)곡구 36)인마 37)일심 38)대인 39)견마 40)산수 41)산천 42)삼일 43)화목 44)화전 45)행인 46)어패 47)부자 48)목석 49)사일구 50)구우일모

■ 제2회 (☞ 75~76쪽)

1)② 2)① 3)④ 4)⑤ 5)⑦ 6)③ 7)⑨ 8)⑥ 9)⑩ 10)⑧ 11)입구 12)새을 13)마음심 14)나무목 15)넉사 16)개견 17)눈목 18)설립 19)여덟팔 20)양양 21)혀설 22)물수 23)일곱칠 24)조개패 25)말마 26)일월 27)여대 28)소심 29)부모 30)이목 31)육칠 32)산양 33)오목 34)산행 35)곡구 36)인마 37)산수 38)대인 39)견마 40)일심 41)일모 42)삼일 43)화목 44)화전 45)행인 46)어패 47)부자 48)목석 49)사일구 50)산천

■ 제3회 (☞ 77~78쪽)

1)② 2)④ 3)⑤ 4)① 5)③ 6)⑥ 7)⑨ 8)⑦ 9)⑩ 10)⑧ 11)벼화 12)설립 13)다닐행 14)고기어 15)대죽 16)계집녀 17)뫼산 18)개견 19)입구 20)조개패 21)밭전 22)일곱칠 23)흰백 24)발족 25)흙토 26)이일 27)소심 28)대인 29)죽석 30)사오 31)일금 32)우목 33)어패 34)부녀 35)행인 36)화금 37)우마 38)대어 39)부모 40)자녀 41)행인 42)인심 43)죽마 44)여대 45)백미 46)강산 47)입목 48)양모 49)육이오 50)삼삼오오

■ 제4회 (☞ 79~80쪽)

1)② 2)① 3)③ 4)⑤ 5)④ 6)⑦ 7)⑥ 8)⑩ 9)⑧ 10)⑨ 11)아홉구 12)다닐행 13)벼화 14)대죽 15)고기어 16)계집녀 17)뫼산 18)조개패 19)개견 20)입구 21)넉사 22)밭전 23)흰백 24)흙토 25)발족 26)죽석 27)부모 28)오목 29)대인 30)사오 31)어패 32)부녀 33)일금 34)우목 35)행인 36)대어 37)화금 38)삼월 39)우마 40)죽마 41)자녀 42)강산 43)여대 44)인심 45)입목 46)양모 47)구월 48)백미 49)팔일오 50)오월오일

■ 제5회 (☞ 81~82쪽)

1)② 2)① 3)③ 4)⑦ 5)⑥ 6)⑤ 7)④ 8)⑨ 9)⑧ 10)⑩ 11)마음심 12)조개패 13)다섯오 14)뫼산 15)설립 16)개견 17)양양 18)입구 19)눈목 20)여덟팔 21)말마 22)일곱칠 23)물수 24)새을 25)혀설 26)소심 27)여대 28)산양 29)산행 30)이목 31)일월 32)육칠 33)오목 34)인마 35)곡구 36)일심 37)부모 38)대인 39)견마 40)삼일 41)산천 42)화목 43)산수 44)화전 45)목석 46)어패 47)행인 48)부자 49)팔일오 50)유월육일

8급 예상 문제 모범 답안

1회 (☞ 83~84쪽)

1	③	26	산천
2	②	27	수족
3	①	28	부모
4	⑥	29	이일
5	④	30	소심
6	⑤	31	우이
7	⑨	32	어패
8	⑩	33	부녀
9	⑧	34	우마
10	⑦	35	대인
11	여섯 륙	36	대어
12	털 모	37	여자
13	손 수	38	화전
14	쇠 금	39	일금
15	다섯 오	40	오목
16	새 을	41	일심
17	마음 심	42	산양
18	나무 목	43	일월
19	넉 사	44	토목
20	양 양	45	행인
21	혀 설	46	인심
22	물 수	47	자녀
23	석 삼	48	입목
24	소 우	49	양모
25	눈 목	50	소자

2회 (☞ 85~86쪽)

1	⑤	26	산양
2	④	27	부모
3	①	28	육칠
4	②	29	일월
5	③	30	오목
6	⑧	31	소심
7	⑨	32	산전
8	⑥	33	우이
9	⑩	34	양모
10	⑦	35	일금
11	불 화	36	화전
12	두 이	37	죽마
13	말 마	38	백미
14	귀 이	39	구일
15	달 월	40	수족
16	한 일	41	산천
17	개 견	42	일심
18	입 구	43	부모
19	조개 패	44	대어
20	설 립	45	행인
21	다닐 행	46	어패
22	고기 어	47	사오
23	날 일	48	강산
24	사람 인	49	모녀
25	벼 화	50	행인

	3회 (☞ 87~88쪽)				4회 (☞ 89~90쪽)		
1	②	26	수족	1	②	26	토목
2	①	27	화구	2	④	27	여대
3	④	28	대인	3	⑤	28	소심
4	⑤	29	죽석	4	①	29	부모
5	⑥	30	부모	5	③	30	이목
6	③	31	입목	6	⑥	31	대어
7	⑨	32	강산	7	⑧	32	화산
8	⑦	33	어패	8	⑦	33	산전
9	⑩	34	모자	9	⑩	34	산행
10	⑧	35	행인	10	⑨	35	곡구
11	설 립	36	화금	11	벼 화	36	입마
12	조개 패	37	우마	12	아비 부	37	일심
13	귀 이	38	토목	13	골 곡	38	대입
14	물 수	39	부모	14	아홉 구	39	견마
15	다섯 오	40	자녀	15	대 죽	40	산수
16	개 견	41	입심	16	계집 녀	41	행인
17	눈 목	42	소자	17	메 산	42	삼일
18	나무 목	43	죽마	18	여덟 팔	43	화목
19	여덟 팔	44	여대	19	쌀 미	44	대소
20	말 마	45	백미	20	아들 자	45	석수
21	혀 설	46	양모	21	밭 전	46	산수
22	쇠 금	47	대어	22	일곱 칠	47	부자
23	일곱 칠	48	여인	23	흰 백	48	목석
24	소 우	49	육이오	24	발 족	49	사일구
25	마음 심	50	삼삼오오	25	흙 토	50	구우일모

	5회 (☞ 91~92쪽)		
1	⑤	26	대어
2	⑥	27	산수
3	①	28	토목
4	②	29	오일
5	③	30	일금
6	④	31	화전
7	⑨	32	소심
8	⑩	33	대소
9	⑧	34	어패
10	⑦	35	부모
11	흙 토	36	이목
12	여덟 팔	37	산수
13	양 양	38	화산
14	손 수	39	행인
15	밭 전	40	자녀
16	아홉 구	41	모자
17	새 을	42	부자
18	발 족	43	산행
19	뫼 산	44	곡구
20	열 십	45	일심
21	털 모	46	견마
22	아들 자	47	강산
23	골 곡	48	양모
24	큰 대	49	여대
25	다닐 행	50	팔구